Ismael Lean

Adicciones electrónicas
Las adicciones en tiempos de Facebook, Twitter y Pornhub

Editorial Espacio Creativo
Charleston, SC

Publisher: Editorial Espacio Creativo, Charleston, SC

ISBN-13: 978-1506140612   ISBN-10: 1506140610

Derechos de propiedad: Ismael Leandry-Vega   Copyright: © 2015 Ismael Leandry Vega

Standard Copyright License

Reservados todos los derechos. El contenido de esta obra está protegido por Ley, que establece penas de prisión y/o multas, además de las correspondientes indemnizaciones por daños y perjuicios, para quienes reprodujeren, plagiaren, distribuyeren o comunicaren públicamente, en todo o en parte, una obra literaria, artística fijada en cualquier tipo de soporte o comunicada a través de cualquier medio, sin la preceptiva autorización.   Imagen en la portada: © lithian - Fotolia.com

Datos para catalogación:

Ismael Leandry Vega (2015)

Adicciones electrónicas: Las adicciones en tiempos de Facebook, Twitter y Pornhub

Editorial Espacio Creativo, Charleston, SC

1. **Adicción**
2. **Adicciones**
3. **Adicción a las compras**
4. **Adicción a la Internet**
5. **Adicción a la pornografía**
6. **Pornografía**
7. **Psicología**
8. **Salud pública**

Tabla de contenido

Capítulo uno
Adicciones tecnológicas

Capítulo dos
Pornografía en línea

Capítulo tres
Otras adicciones

Capítulo cuatro
Fragmentos y añadidos

Capítulo uno
Adicciones tecnológicas

I. Adicciones tecnológicas

Es incuestionable que los adelantos tecnológicos, que usualmente son creados por mentes excepcionales, les han proporcionado enormes beneficios a la banal e hipócrita raza humana. Así, por ejemplo, *las nuevas tecnologías* que están relacionadas con las imprentas y las fotocopiadoras han abaratado los costos de la publicación de libros.

Y no se puede pasar por alto que, la tecnología que está relacionada con la red de Internet «ha hecho crecer de una manera notable la libertad de expresión en el mundo e infligido un golpe casi mortal a los sistemas de censura que los *gobiernos autoritarios establecen para controlar la información e impedir las críticas.*»[i]

También merece mención el hecho de que los adelantos tecnológicos, al igual que la *inteligencia y tenacidad de los genios,* les han dado a los monos humanos las necesarias lámparas LED. Cabe recordar que las lámparas LED, que sus creadores recibieron el Premio Nobel, «emiten una luz blanca brillante, duran mucho más tiempo y utilizan mucha menos energía que los bombillos de luz incandescentes inventados por Thomas Edison en el siglo XIX.»[ii]

Ahora bien, nadie puede negar que los adelantos tecnológicos también han traído un sinnúmero de asuntos negativos y perjudiciales. Así, por ejemplo, *gracias al progreso tecnológico* «la mismísima existencia de la humanidad ha sido puesta en peligro.» Y la razón está en que, ahora mismo, «misiles nucleares de imponente poder destructivo pudieran aniquilar a casi toda la raza humana, si no a toda.»[iii]

También merece mención el hecho de que, «la gran revolución tecnológica transforma el mundo y hace desaparecer cada vez más oportunidades de trabajo.»[iv] Por eso se puede decir que, *gracias a la revolución tecnológica* y al tan anhelado progreso, «no hay ahora mismo nada más descartable que el ser humano.»[v]

Tampoco se puede pasar por alto que, el progreso tecnológico que está relacionado con las comunicaciones y las computadoras «ha puesto en manos de las agencias de inteligencia un juguete muy peligroso que no sólo amenaza a los enemigos de la democracia, sino a la misma cultura de la libertad y a sus instituciones representativas.»[vi]

Merece, asimismo, destacarse que el progreso tecnológico que está relacionado con las *comunicaciones electrónicas* y las computadoras ha ampliado las causas por las cuales los monos humanos, en especial los que viven en pareja con la finalidad de follar, discuten y pelean. Así, por ejemplo, ahora es común que muchas parejas tengan discusiones y altercados físicos por el uso (o mal uso) de Facebook, Twitter, entre otros inventos electrónicos.[vii]

Otro asunto que no puede ser olvidado es que «los avances tecnológicos, el aumento de la disponibilidad de internet y la comodidad que ofrecen *las tecnologías móviles* están impulsando la accesibilidad y el crecimiento» de los servicios de juegos de azar en línea. Dando lugar a que, la ludopatía esté aumentando.[viii]

También se sabe que los *avances tecnológicos* han traído al panorama actual un asunto que hace doscientos años atrás no existía, a saber, la adicción a los artefactos *tecnológicos y electrónicos*. Es por eso que ahora, gracias al progreso tecnológico, tenemos a millones de pendejos y pendejas que no pueden vivir sin sus cachivaches tecnológicos.

De hecho, ahora se habla de personas que se han convertido en adictas a sus tabletas y teléfonos móviles. Y sobre ese asunto no está de más mencionar que, «un adicto a móviles (tabletas y teléfonos) es aquella persona que abre aplicaciones más de 60 veces por día, esto es seis veces más que un consumidor medio.»[ix]

Añádase a lo discutido que, la gran revolución tecnológica ha ampliado la gama de necedades que pueden ser ejecutadas por los seres humanos. Y sobre eso debo indicar que, los chuscos autorretratos *electrónicos* (conocidos popularmente como los selfies) pertenecen a una nueva gama de necedades electrónicas que, debido a la gran revolución electrónica, pueden ser ejecutadas por seres humanos de a pie.

Digo eso porque el ridículo selfis es, por decir lo menos, *«un constante deseo de fotografiarse a sí mismo* y compartir fotos en las redes sociales para compensar la falta de autoestima y para llenar un vacío en la intimidad.»[x]

Ya que he hecho mención de los populares autorretratos electrónicos o selfis, creo necesario indicar que los autorretratos electrónicos o *"selfies"* son las «fotografías que uno toma de sí mismo, solo o en compañía de otros, en general con teléfonos móviles, tabletas o cámaras web, y luego sube a redes sociales.»[xi]

Después de haber explicado lo anterior, sé que algunas personas pensarán que he exagerado al decir que una persona puede convertirse en adicta a la tecnología. Pues bien, para beneficio de esas personas menciono que la fabulosa ciencia (que es odiada por fanáticos religiosos) *ha demostrado que «todas las actividades que ofrezcan una recompensa pueden ser adictivas.»*[xii]

Es por eso que, por ejemplo, ya se dice que una persona se puede convertir en adicta a la red de Internet. Y sobre ese asunto, que posteriormente será discutido con profundidad, no está de más que mencione ahora que, gracias a un análisis realizado por expertos del Instituto de Psiquiatría del *King's College de Londres*, las personas «clasificadas como *adictas* a Internet son individuos con trastornos emocionales.»[xiii]

II. Adicción a la Internet
A. Información general

Nadie puede negar que la *red de Internet* «se ha convertido en un protagonista importante de la vida moderna.»[xiv] Y tenga en cuenta que, dicho protagonismo incluye necedades y ñoñerías. Es decir, la red de Internet se ha convertido en la principal vía para esparcir embrutecimiento, necedad y *destrucción de tiempo* por todo el mundo.

De hecho, es triste tener que reconocer que vivimos dentro de unos odiosos tiempos en donde la necedad, gracias al protagonismo de la red de Internet en la vida moderna, se esparce más rápido que el conocimiento.

Después de haber dicho eso ahora tengo que decir, relacionado con el asunto de las *adicciones tecnológicas,* que dentro del perjudicial protagonismo que tiene la red de Internet está el asunto de que la red de Internet, ahora lo sabemos, es adictiva. Es decir, una persona se puede convertir en adicta a la red de Internet.[xv]

Ahora bien, es forzoso indicar que el uso continuo de la red de Internet no se considera una adicción cuando dicha poderosa red electrónica es consecutivamente utilizada para realizar acciones intelectualmente valiosas.

Para que la utilización de la red de Internet se convierta en una *destructiva adicción,* el adicto tiene que mayormente utilizarla para realizar actos: (a) que en nada contribuyan a la adquisición de conocimientos valiosos; o (b) que no estén relacionados con la necesidad de buscar información valiosa y necesaria. Por eso es correcto decir que, «da adicción a Internet (...) se presenta cuando el uso de Internet se sale del control del individuo.»[xvi]

B. Los adictos a Internet

Todo el mundo sabe que las «adicciones son problemas de salud mental.»[xvii] Pues bien, como eso es así hay que decir que la adicción a la red de Internet es un serio problema de salud mental, especialmente cuando se sabe que un adicto a la red de Internet no hace más que desperdiciar su única y banal vida en acciones insignificantes y destructivas.

Debe saber, sobre esto último, que dije eso ya que la mayoría de los adictos a la red de Internet desperdician muchísimas horas de vida «navegando en sitios sexualmente gratificantes», *en redes sociales,* en «sitios de juegos de apuestas» y en sitios de juegos en línea.[xviii]

Dicho eso, ahora es necesario mencionar: (1) que la cantidad de adictos a la red de Internet aumenta todos los años; y (2) que la actual cantidad de adictos a la red de Internet es sorprendentemente elevada. Indico eso porque, según un estudio realizado y publicado por investigadores de la **Universidad de Tel Aviv** *(ubicada en Israel),* el diez por ciento de todos los usuarios diarios de la red de Internet caen bajo la categoría de adictos.[xix]

En este punto resulta pertinente resaltar que, en algunos países la adicción a la red de Internet es sumamente grave. Así, por ejemplo, la mencionada adicción es tan elevada en Corea del Sur que el *ocho por ciento* de los surcoreanos que tienen entre nueve a treinta y nueve años de edad sufre de dicha adicción.[xx]

Ahora debe saber, después de conocer lo anterior, que (a nivel mundial) la mayoría de los *adictos a la red de Internet* son: (1) adolescentes; (2) adultos jóvenes *(personas que tienen edades que fluctúan entre los dieciocho a los veintiocho años de edad);* y (3) personas mayores de cincuenta años de edad que no pueden tolerar la soledad ni el aburrimiento.[xxi]

Sobre lo dicho en el punto número uno antes indicado, debe saber que eso no debe causar sorpresa. Ello, porque los adolescentes: (1) están más acostumbrados a la utilización de *la red de Internet;* (2) «están más acostumbrados a participar en juegos a través de internet»; y (3) «pasan más tiempo en la red» de Internet.[xxii]

Sobre las conductas que ejecutan los adictos a la red de Internet, lo primero que debe saber es que dichos adictos tienen una incontrolable compulsión de utilizar la red de Internet para asuntos superfluos. Cabe indicar que una compulsión, que está presente en todas las adicciones, «es un deseo muy fuerte, *en ocasiones un deseo avasallador,* de hacer algo.»[xxiii]

También debe saber que los compulsivos adictos a la red de Internet, que usualmente no hacen nada productivo en beneficio del conocimiento humano, están tan enfermos que: (1) minimizan el contacto social cara a cara; (2) pasan casi todos sus días conectados a la red de Internet realizando necedades; (3) tienen varias personalidades digitales; y (4) se comportan de manera agresiva cuando están en línea y de una *manera pasiva* cuando interactúan cara a cara.[xxiv]

Cabe mencionar, por último, que una persona (ya sea adulta o menor de edad) se ha convertido en adicta a la *red de Internet* cuando, según un análisis realizado por psiquiatras del

Hospital Miguel Servet (ubicado en España), «pasa más de tres horas al día navegando por la red de Internet, y no es por trabajo.»[xxv]

C. Daños de la adicción

Dije antes que una persona es adicta, en el caso de las adicciones conductuales, cuando dicha «persona se rinde ante (...) una actividad que gradualmente va tomando control sobre su vida y que eventualmente lo destruye si no logra rehabilitarse.»[xxvi] Pues bien, en el caso de la *adicción a la red de Internet* vemos que los adictos van perdiendo control sobre sus vidas por estar utilizando, neciamente, la red de Internet.

Sobre el asunto de la rehabilitación, debe saber que la adicción a la red de Internet es sumamente difícil de superar. De hecho, la adicción a la red de Internet es tan poderosa que alrededor del mundo se han habilitado centros de rehabilitación especializados en adicciones relacionadas con la red de Internet y la tecnología. Así, por ejemplo, en China hay cerca de cuatrocientos centros (especializados) de rehabilitación para bregar con las adicciones que están asociadas con la red de Internet.[xxvii]

Dicho eso, estoy seguro de que algunos lectores podrían preguntarse la razón por la cual *la adicción a la red de Internet* es difícil de superar. Para beneficio de dichos lectores menciono que es difícil superar la adicción a la red de Internet ya que, por lo regular, está acompañada por otras condiciones mentales.

Así, por ejemplo, muchos adictos a la red de Internet son unos adictos que, muchas veces sin saberlo, sufren de ansiedad o depresión. Y en el caso de los adictos a la red de Internet que padecen de depresión se sabe que, dichos depresivos adictos están tan aborrecidos que utilizan la red de Internet «para excluirse del resto de sus vidas.»[xxviii]

También está el asunto de que, la enfermiza utilización de la red de Internet suele provocar el desarrollo de condiciones mentales en las perturbadas mentes de los compulsivos usuarios. La prueba de esto nos la da la **Universidad de Leeds**.

Digo eso ya que estudiosos de esa vieja institución de educación superior, que está ubicada en el Reino Unido, demostraron que «la gente que pasa mucho tiempo usando internet tiene más probabilidades de desarrollar *síntomas depresivos.*»[xxix]

A lo dicho viene a añadirse que, la compulsiva utilización de la red de Internet es perjudicial para los adolescentes. Digo eso ya que hay *abundante prueba científica* que demuestra, en lo pertinente, que los adolescentes que pasan mucho tiempo utilizando la red de Internet para realizar estupideces tienen más probabilidades de desarrollar depresión.^{xxx}

D. Tratamiento

Toda adicción «es una enfermedad del cerebro.»^{xxxi} Es por eso que, la adicción a la red de Internet: (1) debe ser tratada (únicamente) por expertos en las ciencias de la conducta humana; y (2) debe considerarse un asunto serio. Sobre esto último, cabe mencionar que la adicción a la red de Internet es un asunto tan serio y preocupante que en muchos países «es considerada un trastorno clínico.»^{xxxii}

Inclusive, para muchos expertos en las ciencias de la conducta humana que se han especializado en el tratamiento de adictos a la red de Internet, la mencionada *adicción tecnológica* es «un desorden compulsivo-impulsivo.»^{xxxiii}

Dicho eso, estoy seguro de que algunos lectores podrían pensar que es *exagerado decir que únicamente psicólogos, neurólogos y siquiatras* deben bregar con los adictos a la red de Internet. Pues bien, para beneficio de esas personas indico que mi opinión está basada en el hecho de que, según un estudio realizado por peritos de la **Academia de Ciencias China**, la adicción a la red de Internet es un asunto tan serio que «las personas adictas a internet muestran cambios en el cerebro similares a los adictos a sustancias como drogas o alcohol.»xxxiv

A eso se suma que, la mayoría de los adictos a la red de Internet experimentan síntomas similares –relacionados con la retirada de drogas– a los que experimentan los adictos a las drogas. Así, por ejemplo, muchos adictos a la red de Internet, al comenzar sus respectivos tratamientos, muestran irritabilidad, cansancio, ansiedad, baja autoestima y depresión *cuando sus afectados cerebros dejan «de recibir* la estimulación a la que estaban acostumbrados» por parte de las imágenes y sonidos de la red de Internet.xxxv

Tampoco se puede olvidar, en apoyo a mi recomendación, que muchos expertos en la conducta humana han creado manuales y técnicas, apoyadas en datos científicos, para inteligentemente bregar con la adicción a la red de Internet y otras tecnologías.

De hecho, uno puede ver que los adictos a la red de Internet, en varios centros de rehabilitación, *son sometidos «a sesiones con psicólogos* para que reconstruyan su autoconfianza (...) y sus relaciones familiares y de amistad. También se les realizan *escáneres cerebrales* para investigar de qué forma les afectan las adicciones.» Y en los casos más extremos, en donde se requiere la intervención de los *psiquiatras,* los mencionados adictos son «medicados.»[xxxvi]

Es importante mencionar, por último, que la adicción a la red de Internet tiene una fase grave y peligrosa. Y las personas que están en dicha fase, que la mayoría de ellas son personas menores de cuarenta años de edad, necesitan ser tratadas de manera urgente y continua.

Digo eso ya que las personas que están en esa peligrosa y destructiva etapa de la *adicción a la red de Internet* están tan adictas y perturbadas: (1) que no pueden notar que se pasan incurriendo en irresponsables actos que pueden terminar matando *(o gravemente hiriendo)* a otros seres humanos; y (2) que no pueden notar que continuamente incurren en acciones que les pueden llevar al hospital o a la tumba.

Un buen ejemplo para demostrar la gravedad de ésta fase de la adicción a la red de Internet, proviene desde los Estados Unidos de América. Allí, una viciosa, joven y depresiva mujer que se había convertido en adicta a la red de Internet se pasaba escribiendo en las redes sociales y electrónicas mientras conducía su vehículo de motor. Su adicción era tan potente que la depresiva mujer, no podía notar que sus imbecilidades tenían un alto potencial de causar la muerte o grave daño corporal.

La buena noticia es que la mencionada adicta, en 2014, perdió su vida en un accidente de auto «por estar manejando y escribiendo» en Facebook por medio de su celular.[xxxvii]

III. Adicción a los juegos en línea
A. Información general

Lo primero que tengo que decir es que, la adicción a los videojuegos en línea existe. Y lo segundo que tengo que decir es que, «la adicción a los videojuegos en línea puede causar problemas en las relaciones de la vida real de las personas.»[xxxviii] Es por eso que dichos adictos, para poder rehabilitarse, necesitan recibir ayuda por parte de expertos en la conducta humana.

Para ser un adicto a los juegos en línea, una persona tiene que jugar (por lo menos) tres o más horas diarias. Además, la persona tiene que sentir una incontrolable compulsión por jugar en línea. A eso se suma que, la persona también tiene que incurrir en acciones necias e *irresponsables* como consecuencia de su adicción.

Sobre las necias e irresponsables acciones que deben (y suelen) ejecutar las personas a fin de que sean catalogadas como adictas a los juegos en línea, tengo que decir que la lista es enorme. Ahora bien, algunas de dichas acciones son recurrentes en muchísimos casos. Así, por ejemplo, muchos adictos a los juegos en línea – que usualmente no están interesados en *adquirir* conocimientos científicos–: (1) sacrifican horas de sueño en aras de jugar sus jueguitos; (2) no se alimentan adecuadamente; y (3) pasan más de veinticuatro horas sin bañarse.

En los casos más extremos, uno puede ver que los mentalmente enfermos: (a) son negligentes o abusivos a la hora de cumplir con sus deberes como progenitores; (b) utilizan «pañales para no tener que hacer pausas para ir al baño»; y (c) orinan «en botellas para no despegarse ni un minuto de la pantalla de la computadora.»xxxix

Sobre lo dicho en el punto (a) antes mencionado, tengo que decir que me viene a la mente un caso que ocurrió en Corea del Sur. Allí, unos progenitores que eran adictos a los juegos en línea descuidaron sus deberes como progenitores. *Como consecuencia de eso, su pequeño «hijo de tres años de edad murió por desnutrición.»*xl

---

B. Daños de la adicción

Es preciso tener en cuenta que, la adicción a los juegos en línea es altamente destructiva y perjudicial. Es decir, los daños físicos y mentales que sufren los adictos como consecuencia de la indicada adicción suelen ser muy malos.

Sobre los daños físicos se sabe que muchos adictos (crónicos) a los juegos en línea, que usualmente *se pasan ingiriendo comida chatarra,* desarrollan (o tienen altísimas posibilidades de desarrollar) «coágulos en las piernas por pasar días enteros sentados frente a la computadora.»xli También se sabe que «la salud general de estos adictos (...) empeora por la falta de ejercicio, luz solar y aire fresco, lo que debilita su sistema inmunológico.»xlii

Sobre las consecuencias psicológicas se sabe que los adictos a los juegos en línea, en especial los más crónicos, suelen desarrollar depresión. También se sabe, sobre los mismos adictos, que su poderosa adicción provoca: (1) que su autoestima esté por el piso; y (2) *que sean torpes* durante la interacción social cara a cara.

Debo mencionar que lo dicho me ha hecho recordar un análisis que fue realizado por especialistas del ***Centro Médico Regional Bradford,*** ubicado en los Estados Unidos de

América. Digo eso ya que ese análisis demostró, en lo pertinente, que la inmensa mayoría de los adictos (crónicos) a los juegos en línea: (1) tienen una baja autoestima; y (2) «necesitan insertarse en la sociedad, pero no saben cómo hacerlo o no tienen la motivación.»[xliii]

Otro asunto *(psicológico)* que no se puede obviar es que, como dije líneas arriba, los adictos a los juegos en línea duermen poco debido a la fuerte necesidad de jugar. Pues bien, el gran problema con ello es que el cerebro de los mencionados adictos termina seriamente fastidiado debido a las continuas privaciones de sueño. De hecho, esa falta de sueño provoca que los mencionados adictos sufran de «una *reducción en su volumen cerebral* y una disminución en su desempeño cognitivo, como consecuencia de un envejecimiento más rápido del sistema nervioso.»[xliv]

Ahora bien, es necesario mencionar que esa falta de sueño también causa estragos en los cuerpos de los adictos a los juegos en línea. Digo eso ya que la privación de sueño, cuando es constante *(como en el caso de los adictos a los juegos en línea)*, «está asociada con un mayor riesgo de obesidad, diabetes, presión alta y enfermedades cardiovasculares.»[xlv]

Debe señalarse también que, en los casos más extremos, la adicción a los juegos en línea puede ser mortal. De hecho, son abundantes los casos en donde adictos crónicos *a los juegos en línea:* (a) murieron después de haber sometido sus frágiles cuerpos a largas horas de juego continuo; y (b) mataron a otras personas como consecuencia de *corajes* experimentados durante las sesiones de juego.[xlvi]

Lo dicho me ha hecho recordar un caso que ocurrió en Corea del Sur. Allí, en 2005, un necio y adicto coreano murió por jugar, durante «50 horas» ininterrumpidas, un juego en línea.[xlvii] También recuerdo un caso que ocurrió en la *República Popular China.* Allí, en 2007, un idiota que sufría de aburrimiento y necedad murió «después de tres días seguidos jugando por internet en un cibercafé (...). El joven falleció por una dolencia cardíaca relacionada con las largas horas ante el PC.»[xlviii]

C. Tratamiento

El tratamiento que deben recibir los adictos a los juegos en línea para rehabilitarse, debe ser especializado. Es decir, únicamente expertos en la conducta humana deben bregar con dichos adictos. Esto se debe a que, por lo regular, la destructiva compulsión por jugar juegos en línea suele estar acompañada por otros problemas mentales como, por ejemplo, «ansiedad, depresión o baja autoestima.»[xlix]

Otro asunto que demuestra que el tratamiento de los adictos a los juegos en línea debe ser especializado es que, las alteraciones cerebrales que sufren los mencionados adictos son muy similares a las que sufren los *alcohólicos y drogodependientes.* Así, por ejemplo, se sabe que un adicto crónico a los juegos en línea «necesita cada vez más de un juego (...) para obtener la misma calidad de satisfacción.»[1]

A eso se suma que, los adictos crónicos a los juegos en línea sufren de síntomas de abstinencia cibernética. Cabe indicar, sobre eso, que los síntomas de la abstinencia cibernética «son los típicos de la privación de cualquier droga: depresión, ansiedad, náuseas, miedo, irritabilidad e incluso *comportamiento violento.*»[ii]

Xbox tragedy

Game addict, 20, killed by deep vein thrombosis

By EMMA LITTLE, Health Editor

Published: 30 Jul 2011

A LAD of 20 has been killed by a blood clot caused by playing his Xbox for up to 12 hours at a time.

A post mortem revealed that Chris Staniforth - addicted to games such as Halo - had suffered a deep vein thrombosis.

Cabe mencionar, por último, que la adicción a los juegos en línea únicamente debe ser tratada por expertos ya que las posibilidades de recaída son enormes. De hecho, se sabe que *los adictos (crónicos) a los juegos en línea «vuelven a recaer en cuanto surge algún problema en su vida.»*[iii]

IV. Adicción a los videojuegos
A. Información general

Los videojuegos, gústenos o no, «han sido parte del desarrollo» de niños y adultos. De hecho, nadie puede negar que los videojuegos «han incidido en la forma *de ser de las personas,* en su personalidad, en su comportamiento, en su desarrollo educativo y en su desarrollo familiar y social.»[liii]

A eso se suma que los videojuegos, en estos tiempos tecnológicos, también han sido parte del desarrollo de la Medicina. Digo eso ya que los videojuegos de salud, en muchos países desarrollados, «se emplean para fomentar el ejercicio físico en personas de todas las edades, con disfunciones motoras (tras Parkinson, ictus, esclerosis múltiple, etc.) o sanas.»[liv]

Y no se puede olvidar, además, que cada vez hay más psicólogos, *psiquiatras y neurólogos* que están recomendando utilizar videojuegos no violentos. Ello, porque «los videojuegos no violentos son buenos para prevenir el deterioro cognitivo que se produce según avanza la edad de las personas.»[lv]

Ahora bien, no todo es positivo cuando se habla de los videojuegos. Así, por ejemplo, se sabe que numerosas *empresas que crean videojuegos* suelen colocar a las mujeres en pésimos papeles sociales. Es por eso que, para enojo de las feministas, abundan los videojuegos en donde las mujeres son putas, cazadoras de fortunas, *consumistas, materialistas* y, sobre todo, heroínas con grandes tetas, carnosos labios, redondeados traseros y pantalones ajustados.

Cabe indicar que eso no es raro en la industria del videojuego, ya que «los creadores de los videojuegos son en su mayoría –por no decir completamente– varones, por lo tanto sus creaciones responden a sus *necesidades y deseos.*»[lvi]

Otro asunto negativo que no se puede negar, en lo pertinente, es que los videojuegos tienen un alto potencial de adicción. Es por eso que abundan los profesionales de la salud mental que, a las claras, han certificado que una persona puede ser adicta a los videojuegos.[lvii] De hecho, *la adicción a los videojuegos y la adicción a la red de Internet* son unas adicciones tecnológicas que están reconocidas en los manuales de salud mental de la República Popular China.[lviii]

Cabe mencionar, por último, que no debe causar sorpresa el hecho de que *jugar videojuegos de consola* pueda provocar que una persona se convierta en adicta a dichos juegos. Digo eso ya que, pese a quien pese, la vida es pura mierda. De hecho, si usted realiza un profundo análisis de la vida humana verá que no es más que congojas, necesidades, engaños y, sobre todo,

Ismael Leandry-Vega

pérdida de tiempo mediante obligaciones laborales, sociales y familiares.

De ahí que muchísimas personas, en especial muchísimos adultos que son fanáticos de los videojuegos de consola, decidan utilizar los mencionados jueguitos como una especie de potente droga que, por lo menos por varios ratos, les permitan alejarse de las amarguras de su insignificante y corta existencia. De hecho, está demostrado que «el mundo virtual de los videojuegos puede ser el perfecto escape a los líos económicos, problemas sociales y políticos que agobian al mundo real.»[lix]

Otro dato que demuestra que no debe causar sorpresa el hecho de que una persona se convierta en adicta a los videojuegos es que, como saben los psicólogos y psiquiatras, los adictos a los videojuegos continuamente están *sometiendo a sus insignificantes y pequeños* cerebros «a ciertos estímulos de recompensa que causan la *liberación de cantidades crecientes del neurotransmisor llamado dopamina,* y como consecuencia de ello «se crea una memoria de la adicción que tiene efecto en la actividad cerebral.»[lx]

B. Daños de la adicción

Mencioné antes que «las adicciones llevan a la persona a una conducta compulsiva.»[lxi] También mencioné antes que los videojuegos,

Debo mencionar, por último, que la cantidad de adictos a los videojuegos es enorme a nivel mundial. Para corroborar lo mencionado comienzo diciendo que en *Corea del Sur,* el ocho por ciento de los surcoreanos que están entre las edades de nueve a treinta y nueve años de edad sufre de adicción a los videojuegos.[lxvii]

También corrobora lo mencionado un interesante estudio realizado por investigadores de la **Universidad de San Pablo**, ubicada en España. Según los resultados de ese estudio: (1) la adicción a los videojuegos afecta mayormente a los adolescentes; y (2) el treinta por ciento de los *adolescentes que juegan videojuegos* son adictos a dichos juegos de consolas.[lxviii]

Ahora bien, a pesar de que *la adicción a los videojuegos* afecta mayormente a los adolescentes, los estudios más recientes demuestran que «la adicción a los videojuegos afecta a personas de todas las edades.» De hecho, hay adultos que están tan enviciados que juegan videojuegos «sin descanso hasta 16 horas diarias y acaban perdiendo el contacto con amigos y familiares, descuidando su mente y su cuerpo.»[lxix]

C. Tratamiento

La adicción a los videojuegos de consolas tiene, para que quede claro, aspectos muy similares: (1) a la adicción al alcohol; y (2) a la adicción a las drogas callejeras. Digo eso ya que los adictos a los videojuegos, al igual que los alcohólicos y los adictos a la cocaína, *sienten la enfermiza «necesidad de incrementar gradualmente la cantidad de tiempo* que le dedican» a sus vicios.[lxx]

También digo lo anterior ya que, según un interesante estudio realizado por investigadores de la **Charité – Universitätsmedizin Berlin** (ubicada en Alemania), uno puede ver que «las reacciones cerebrales de las personas que juegan con videojuegos en exceso son similares a las de los alcohólicos o los adictos de la marihuana.»[lxxi]

Es por eso que, actualmente, los expertos en la conducta humana que ayudan a los adictos a los videojuegos utilizan «técnicas similares a las usadas»: (1) para bregar con los alcohólicos; y (2) para lidiar con adicciones relacionadas con las drogas ilegales que se venden en las calles.[lxxii]

Debo indicar, por último, que *los adictos a los videojuegos* deben ser atendidos por expertos en la conducta humana. No es favorable que los familiares de los adictos a los videojuegos traten de ayudar a dichos adictos por sí solos. Ello, ya que las consecuencias para los familiares y para los mencionados adictos pueden ser negativas.

De hecho, se sabe que muchos familiares de adictos «gastan gran cantidad de energía y se causan *daño emocional al esforzarse infructuosamente por ayudar* a quienes están sumidos en alguna adicción. Esto sucede porque no cuentan con los conocimientos necesarios para resolver el problema en forma eficaz.»[lxxiii]

V. Consideraciones finales

Si usted analiza con profundidad todo lo que he discutido con relación a las adicciones tecnológicas, verá que existe un asunto común en todas ellas. Y ese asunto en común es el siguiente: las adicciones tecnológicas están provocando que las personas desperdicien (de manera acumulativa) muchísimos días de vida.

Eso, de por sí, es un asunto lamentable. Ahora bien, lo más lamentable es que dichos desperdicios de vida están ocurriendo durante ese breve periodo de tiempo en que el pequeño cerebro humano tiene su mayor energía. Es decir, millones de menores de veinticuatro años de edad desperdician la potencia del cerebro, que está en la cúspide a los veinticuatro años de edad, *para realizar estupideces* con sus cachivaches tecnológicos.

Realmente es una tragedia intelectual y mundial, por no decir un holocausto intelectual, que millones de jóvenes menores de veinticinco años de edad: (1) prefieran embrutecerse con espectáculos, amor romántico, redes sociales y electrónicas, videojuegos, *consumismo, pornografía,* chismografía y artefactos tecnológicos; (2) no quieran aprovechar sus energías juveniles para leer y analizar materiales educativos que sean intelectualmente profundos y complicados; y (3) no quieran aprovechar las energías que brinda la juventud para escribir artículos, monografías y libros relacionados con el *conocimiento adquirido.*

Lo antes dicho no sólo demuestra que los artefactos tecnológicos se han convertido en unas poderosas armas de embrutecimiento masivo e intelectual, también demuestra que millones de jóvenes menores de *veinticinco años de edad* están tan embrutecidos que desconocen que hay que aprovechar la juventud ya que «el desarrollo cognitivo y motor se detiene a los 24 años y a partir de ahí comienza a disminuir.»[lxxiv]

Otro lamentable asunto que debe ser discutido por estar relacionado con lo anterior, es el asunto del aislamiento. Sobre ese terrible asunto tengo que mencionar que la chatarra tecnología, como Facebook y *todos esos jueguitos electrónicos que no ayudan a fortalecer el cerebro,* está causando que millones de personas, la mayoría de ellas menores de veinticinco años de edad, se aíslen durante sus horas libres *a fin de ejecutar tonterías y simplezas con sus artefactos tecnológicos.*

Eso es malo ya que aislarse para ejecutar boberías con *los chatarra-artefactos* tecnológicos minimiza las posibilidades de que la gente sostenga conversaciones inteligentes y *profundas* con personas brillantes. Es preciso recordar, que todos los seres humanos necesitan de las mencionadas pláticas. Ello, ya que esas pláticas ayudan al «cerebro a evolucionar promoviendo su eficiencia.»[lxxv]

Es necesario realizar, antes de cerrar este capítulo, dos importantes aclaraciones. Lo primero que tengo que decir es que, a pesar de que mencioné que la tecnología chatarra está causando que la gente se aísle a fin de realizar necedades —o *utilizando palabras de estos tiempos «e-necedades»*—, debe quedar claro que el aislamiento no es malo cuando se utiliza para realizar acciones intelectualmente valiosas. Recuerde, como han indicado los filósofos más brillantes, que el *aislamiento (y el rechazo a la vida de sociedad)* «es la suerte de todos los espíritus excelentes.»[lxxvi]

Lo segundo que debo mencionar es que toda persona que, en beneficio de su mente, todos los días utilice varias horas para navegar por la red de Internet a fin de conseguir y leer información valiosa no se considera que esté adicta a la red de Internet. Recuerde que la destrucción del tiempo navegando por páginas *chatarras y electrónicas* es, como ha demostrado hasta el cansancio la ciencia, la característica *indispensable dentro de la adicción la red de Internet.*

Capítulo dos
Pornografía en línea

I. La buena pornografía

Vivimos dentro de un insignificante y pequeño planeta en donde, gracias los avances tecnológicos, cada día hay más personas que buscan conseguir satisfacción, placer y compañía por medio de «la tecnología.»[lxxvii] De hecho, actualmente hay millones de personas (incluyendo adolescentes) que utilizan la red de Internet: (1) para masturbarse y excitarse; (2) para conseguir parejas; y (3) para tratar de combatir el aburrimiento que les atormenta.

Sobre lo dicho en el punto número uno antes indicado, debe saber que me estoy refiriendo al material sexualmente explícito que está disponible en la red de Internet. Es decir, estoy hablando de la pornografía legal y para adultos. Y lo primero que tengo que indicar sobre ese asunto es que, como regla general, ver material pornográfico legal y para adultos: (1) no es un acto inmoral; (2) no es un acto malo; (3) es una buena acción; (4) *no causa ningún efecto dañino;* (5) no causa que los consumidores se conviertan en depravados sexuales;[lxxviii] y (6) es un mero entretenimiento.[lxxix]

Lo segundo que tengo que decir es que, utilizar material sexualmente explícito –ya sea que esté en línea o en una publicación impresa– para masturbarse no tiene nada de malo ya que la deliciosa masturbación, para enojo de los moralistas, «es una *actividad saludable*» y necesaria para el ser humano.[xxx]

De hecho, la masturbación es tan natural, deliciosa y necesaria que abundan los análisis científicos y filosóficos que indican que la falta de masturbación es, generalmente, «una mala señal.» Ello, ya que puede significar que una persona: (1) esté deprimida; (2) tenga un serio problema de salud física o mental; o (3) haya sido *severamente embrutecida por asuntos religiosos.*[xxxi]

Sé, después de haber escrito lo anterior, que muchas personas –en especial muchas que no follan mucho y muchas que han dejado de follar– pensarán que lo antes escrito son falsedades, puesto que los necios y creyentes han establecido una supuesta verdad universal que dice, en nombre del aburrimiento y de la monotonía sexual, que la pornografía es dizque mala y perversa.

Pues bien, sobre ese asunto tengo que decir que «la gran mayoría de las llamadas verdades universales son fruto de la cultura, de las ideologías o de la educación.»[xxxii] Y la imbécil y acientífica creencia de que la pornografía legal y para adultos es un asunto perverso y malo es, incuestionablemente, una de esas incoherentes verdades universales que son fruto de la cultura, de las ideologías, de la educación y, sobre todo, de la imbecilidad social.

La única pornografía que es mala y perversa es, incuestionablemente, la pornografía infantil. De hecho, la pornografía infantil es tan perversa que los consumidores y productores de dicha salvajada sexual, al igual que los abusadores sexuales de niños, deberían ser ejecutados en la plaza pública.

Volviendo al asunto de la pornografía legal y para adultos, que es un tema que le causa incomodidad a los moralistas, tengo que decir que cada vez hay más parejas que utilizan *materiales sexualmente explícitos* (tanto películas como materiales que están disponibles en la red de Internet) a la hora de follar.

Sobre ese asunto tengo que decir que no tiene nada de malo, en especial cuando se sabe que la buena pornografía –*cuando es libremente compartida por una pareja de adultos*–: (1) suele excitar a los componentes de la pareja de adultos; y (2) suele «ser una experiencia fuerte de unión.»[lxxxiii]

También es muy significativo para esta discusión mencionar que la pornografía, en especial la pornografía en línea (y para adultos) en donde la calidad de las imágenes (incluyendo las actrices) es óptima, es un asunto excitante ya que «la atracción está en la novedad, la variedad o el factor sorpresa del contenido.» Es decir, en la pornografía en línea –que es mejor que ver a *una fea y peleona esposa* (o esposo) desnudándose– «la novedad aumenta la excitación.»[lxxxiv]

Otro interesante asunto es que la pornografía en línea, a diferencia del afeado cuerpo de una pareja regular y cotidiana, expande la percepción del presente de una manera increíble. Digo eso ya que mediante la pornografía en línea, en donde las imágenes cambian constantemente según los gustos del usuario, «el pasado y el futuro son distantes y remotos mientras que el tiempo presente se expande para dominar todo.»[lxxxv]

Dedo indicar, por último, que antes de cerrar esta interesante sección del capítulo estoy obligado a mencionar tres interesantes puntos. Lo primero que tengo que mencionar, quizás para molestia de las aburridas mujeres que siempre follan en las mismas posiciones, es que cada año hay más mujeres *consumiendo pornografía* (mayormente en línea). Y debido a ello, según la millonaria industria de la pornografía, el consumidor femenino «cobra cada vez mayor importancia en la *venta y consumo* de contenidos sexuales.»[lxxxvi]

Lo segundo que debo mencionar es que, gracias a los *avances tecnológicos* la pornografía en línea es más consumida que la pornografía que está en revistas. De hecho, se sabe que el noventa por ciento de los consumidores de pornografía consumen pornografía en línea.[lxxxvii]

Y lo tercero que tengo que decir, quizás para asombro de las aburridas esposas y novias que han sido severamente atontadas por la moralidad religiosa, es que la pornografía legal es –en el caso de los hombres que padecen de «hiperactividad sexual»– «una salida para evitar las trabajadoras sexuales.»[lxxxviii]

II.La mala pornografía

Escribí antes que el consumo moderado de pornografía legal y para adultos, incluyendo la que está disponible gratuitamente en línea, «no es perjudicial.»[lxxxix] Ahora bien, la pregunta obligatoria que debe ser lanzada en este momento es la siguiente: *¿Es perjudicial el consumo excesivo de pornografía?*

Para contestar esa interesante interrogante comienzo diciendo que la pornografía legal y para adultos, que es un mero entretenimiento *que está (o debería estar)* protegido por el derecho a la libertad, es perjudicial y deja «de ser un entretenimiento cuando la mayor parte del tiempo se destina a visualizarla.»[xc]

De hecho, las personas que tienen una *irresistible* compulsión de estar viendo materiales legales y sexualmente explícitos son personas que padecen de un conocido desorden llamado *«desorden obsesivo-compulsivo.»*[xci] Y dichas personas, debido a la mencionada condición de salud, necesitan recibir ayuda profesional por parte de expertos. Habida cuenta de que, como puede sospechar, *dicho desorden* suele causar problemas laborales, sociales, médicos y familiares en la vida de los mencionados desordenados.[xcii]

Sobre los problemas de salud que padecen las personas que, sin ser asuntos relacionados con sus trabajos, ven materiales sexualmente explícitos de exageradas maneras, comienzo mencionando los resultados de un interesante estudio realizado por investigadores de los **Centros para la Prevención y Control** *de Enfermedades*, ubicado en los Estados Unidos de América.

Según los resultados de dicho estudio, los indicados consumidores de pornografía legal deben recibir ayuda profesional (por parte de peritos) ya que la mayoría de ellos: (1) suelen padecer de depresión; y (2) *suelen tener una pésima «salud física.»*[xxiii]

La otra razón médica –que más bien es psicológica– por la cual *los obsesivos y compulsivos* que consumen materiales pornográficos de maneras exageradas deben recibir servicios por parte de profesionales de la salud mental, está basada en el hecho de que detrás del consumo exagerado de pornografía hay serias situaciones psicológicas. Así, por ejemplo, la mayoría de las mencionadas personas (cada vez hay más del sexo femenino) tienen ansiedad, «miedo a la intimidad con otros, dificultades afectivas y una pobre formación de la sexualidad.»[xciv]

III. Sí crea adicción

Llegado a este punto en la discusión, es momento de contestar la siguiente pregunta: *¿Existe la adicción al material sexualmente explícito o pornografía?* La contestación a dicha pregunta, según mi opinión, es que sí.[xcv]

Para demostrar que mi tesis es correcta comienzo diciendo que, para que una conducta «pueda ser definida como adictiva tiene que haber consecuencias específicas...».[xcvi] A eso se suma que los adictos a una conducta adictiva, tienen que sentir un fuerte deseo de incurrir en la actividad adictiva.[xcvii]

Pues bien, estimado lector, si usted analiza con detenimiento el comportamiento de los adictos a la pornografía (que la mayoría son hombres) podrá notar que *dichos adictos* incurren, por sentir una fuerte necesidad, en conductas que les producen serias consecuencias.

Así, por ejemplo, muchísimos adictos a la pornografía legal han perdido sus empleos por utilizar las computadoras de sus centros de trabajo para, en violación a los reglamentos laborales, ver materiales sexualmente explícitos. A eso se suma que numerosos pornógrafos infantiles, a pesar de conocer de antemano las consecuencias de sus aberrantes acciones, han perdido sus libertades por ejecutar, ya que no pudieron controlar los deseos de la voluntad, acciones asquerosas y criminales.

Otra prueba de que la adicción a la pornografía sí existe, está relacionada con los químicos del cerebro. Sobre ese asunto se sabe, gracias a un estudio realizado por investigadores de la respetable **Universidad de Pensilvania**, que *los materiales sexualmente explícitos,* al igual que la poderosa cocaína, tienen la capacidad de activar «el sistema de recompensa cerebral.»[xcviii]

Debido a ello, el frágil y pequeño cerebro humano puede «hacerse adicto a los químicos» que libera el poderoso sistema de recompensa cerebral cuando «ve pornografía.»[xcix]

Complementa lo anterior el hecho de que, un interesante estudio realizado por respetables investigadores de la prestigiosa y admirable **Universidad de Cambridge** (que está ubicada en el Reino Unido) demostró, en lo pertinente, que en el cerebro de una persona que *consume* pornografía de manera excesiva «se activan los mismos centros de recompensa que los que se activan en el cerebro de los adictos a las drogas cuando ven sus sustancias predilectas.»[c]

Demostrado que, en el caso de los adictos a la pornografía, «el centro de recompensa del cerebro se estimula de gran manera» cuando ve pornografía, ahora es necesario mencionar que la potencia de la adicción a la pornografía puede aumentar considerablemente.

Sobre eso debo mencionar que, el aumento en la potencia de la adicción a la pornografía ocurre cuando el lujurioso cerebro del adicto a la pornografía, por estar acostumbrado a las sensaciones de placer que produce el sistema de recompensa cerebral al ver el deseado material pornográfico, «produce un ansia por elevar la actividad de los neurotransmisores» por medio de la pornografía.[ci]

Otra clara evidencia que demuestra que la adicción a la pornografía sí existe es que, el adicto a la pornografía en línea –*al igual que los adictos a las drogas*– necesita aumentar sus dosis. Es decir, el bellaco que consume excesivamente pornografía en línea: (1) necesita aumentar la cantidad de tiempo con el material pornográfico para alcanzar su tan deseado estímulo sexual; y (2) «necesita cada vez de *contenidos más explícitos* para conseguir el mismo estímulo sexual.»[cii]

IV.   Consideraciones finales

Es oportuno indicar que algunos expertos en la conducta humana han indicado, a pesar de las múltiples evidencias que demuestran su existencia, que la adicción a la pornografía no existe. Para esos expertos, los bellacos que ven pornografía de manera exagerada y que sufren consecuencias debido a ello son personas que, a pesar de necesitar ayuda profesional, sufren de «hiperactividad sexual», «compulsividad sexual» o «conducta sexual hiperactiva y compulsiva.»[ciii]

PORN
Addiction
What my husband's battle taught me about myself

By Cynthia Lyles

EEW MAGAZINE   MARRIAGE DEC 16-JAN 1

Según mi opinión, están errados todos los expertos que rechazan la existencia de la adicción a la pornografía.[civ] Pues es sabido: (1) que las evidencias sobre la existencia de dicha adicción son claras; y (2) que las evidencias sobre las consecuencias que están *relacionadas con la adicción a la pornografía* son claras y numerosas.

También creo que de todos los adictos a la pornografía que existen, los pornógrafos infantiles son los que mejor demuestran la existencia de la adicción a la pornografía. Es preciso recordar que la pornografía infantil es, en apretada síntesis, «toda representación visual o auditiva de un niño, niña o adolescente para el placer sexual de los explotadores, y entraña la *producción, distribución, comercialización* y otros usos de los materiales.»[cv]

Otro asunto que debe ser aclarado, para que no queden dudas, es que la adicción al material sexualmente explícito tiene, al igual que otras adicciones, niveles de gravedad. Eso no es raro cuando se sabe, además de que la adicción a la pornografía existe, que la maravillosa ciencia ha demostrado que «una persona puede ser moderadamente adicta a algo y otra puede ser fuertemente adicta a la misma cosa.»[cvi]

Es por eso que hay bellacos que están tan enviciados con la pornografía que, tristemente, sus cerebros necesitan consumir pornografía legal o ilegal hasta en lugares en donde, por cuestión de reglas sociales, legales y/o laborales, no debe ser consumida. Esos son los casos en donde, por ejemplo, los mencionados adictos ven, en violación a los reglamentos laborales, material pornográfico en las computadoras de sus centros de trabajo.

Lo dicho me ha hecho recordar un caso que ocurrió en *Miami, Estados Unidos de América*. Allí, en 2014, agentes federales realizaron un allanamiento en una estación de bomberos ya que se utilizó, ilegalmente, la red de Internet para descargar pornografía infantil. Como consecuencia de ello, un bombero fue arrestado por poseer (dentro de la estación de bomberos) pornografía infantil.[cvii]

Otro caso que recuerdo ocurrió en Costa Rica. Allí, en 2014, «un funcionario judicial» fue arrestado ya que, debido a su fuerte adicción, tenía y veía material pornográfico «en la oficina» del centro judicial.[cviii]

También están los adictos a la pornografía que, por necesitar tanto de la pornografía, andan por ahí con *materiales sexualmente explícitos* en sus aparatos tecnológicos, todo ello a fin de observar dichos materiales cuando sientan la incontrolable necesidad.

El mejor ejemplo sobre esos enfermos son todos esos pornógrafos infantiles que, por necesitar de dicha repugnante pornografía y a pesar de saber sobre las posibles consecuencias legales de sus aberrantes actos, tienen *imágenes de menores* en posiciones sexualmente explícitas en sus teléfonos móviles, en sus computadoras móviles o en sus *memorias portátiles de tipo USB.*

Lo dicho me ha hecho recordar un caso que ocurrió en ese corrupto y antiguo país llamado España. Allí, un adicto a la pornografía tenía tanta necesidad de su pornografía que, en aras de poder verla cuando sintiera la necesidad, la tenía guardada en una memoria portátil de tipo USB. Sin embargo el mencionado adicto a la pornografía perdió, en 2012, la mencionada memoria portátil.

Cabe señalar que dicha memoria portátil de tipo USB cayó en manos de la Policía y, como consecuencia de ello, el mencionado adicto a la pornografía fue arrestado ya que cometió el «delito de corrupción de menores por tenencia de pornografía infantil.»[cix]

También están, en el caso de la adicción moderada a la pornografía, los solteros que, a pesar de no poner en riesgo sus puestos de trabajo, desean llegar a sus hogares después de sus jornadas laborales: (1) para sumergirse en el material sexualmente explícito (y legal) que está legalmente disponible en la red de Internet; y (2) para obtener sus tan deseadas eyaculaciones y excitaciones.

Y de esos *moderados adictos a la pornografía,* también se sabe —en estos tecnológicos tiempos en donde se sabe que las malditas relaciones de pareja (llámense matrimonios, concubinatos o queridatos) son destructivas y aburridas— que hay muchísimos.

De hecho, actualmente hay muchísimos adultos jóvenes que, al no tener parejas que les estén *fastidiando y consumiendo su tiempo y vida,* se han vuelto adictos (moderados) a la constante excitación y novedad que brinda la pornografía en línea y evitan las relaciones de pareja a fin de *buscar y encontrar satisfacción sexual* por medio de «la tecnología» y, por supuesto, de sus manos y juguetes sexuales.[cx]

Llegado a este punto en la discusión, no está de más plasmar la siguiente pregunta: *¿Para obtener satisfacción sexual, es mejor masturbarse utilizando buena pornografía o es mejor envolverse en una relación de pareja?* Según mi opinión, creo que es mejor masturbarse que envolverse en una de esas odiosas relaciones de pareja.

Comienzo la defensa de mi tesis diciendo que el sexo no es más que una poderosa y odiosa fuerza de la voluntad. Eso significa que, *las relaciones sexuales no tienen nada de especial.* El deseo sexual, que lleva a las personas a buscar parejas sin medir las seguras consecuencias, no es más que una poderosa fuerza que utiliza la naturaleza para evitar la extinción humana.

De hecho, la naturaleza no creó las ricas sensaciones cerebrales relacionadas con el coito —ni la excitación sexual antes del coito— para que el ser humano meramente obtuviera el rico placer del *orgasmo*. La intención de la naturaleza es, como se puede ver por todos lados, la reproducción. Si se quieren pruebas concretas sobre esto, se debe leer un análisis realizado por *investigadores de la* **Escuela de Economía y Ciencia Política de Londres**. Según los resultados de ese análisis, dado a conocer en 2014, «el destino de todos los organismos de la naturaleza es reproducirse, por tanto también es el destino biológico del ser humano.»[cxi]

Lo segundo que tengo que decir, en apoyo a mi tesis, es que vivimos dentro de un pequeño planeta en donde el sufrimiento y la necedad reinan por doquier. De hecho, una profunda mirada revela que la faceta social del ser humano no es más que trabajo, cansancio, preocupación y, en los ratos de ocio, estupidez y pérdida de tiempo. Es por eso que, *gracias a la filosofía y a la ciencia,* se puede concluir que «el mundo y la vida no están preparados para albergar una existencia feliz.»[cxii]

Es por eso que, para minimizar el sufrimiento es necesario aumentar los ratos de soledad y minimizar el contacto con la gente. Y sobre esto último, cabe recordar que eso incluye evitar envolverse en relaciones pasionales (para follar) con otras personas.

Recuerde que las relaciones íntimas y personales, especialmente cuando hablamos de los matrimonios, concubinatos y queridatos, no hacen más que traer a la vida más *preocupaciones,* peleas, sufrimientos y desengaños. Y la vida es demasiado corta para, neciamente, permitir que se afecte por lo anterior.

Es por eso que, dentro de esta corta y efímera vida lo más práctico e inteligente para satisfacer el incómodo y peligroso deseo sexual *(sin tener que sufrir los fastidiosos efectos secundarios que están relacionados con el coito y las relaciones de pareja)* es la masturbación mediante la utilización de la pornografía. Recuerde que la combinación de la *pornografía y la masturbación* es una acción que, a diferencia de las parejas que se afean y utilizan la abstinencia sexual como castigo, «es fácil, es cómodo, es *divertido y, oh sí, está ahí.*»xxiii

Lo tercero que tengo que decir en apoyo a mi tesis es que, utilizar moderadamente material sexualmente explícito para satisfacer el maldito e incómodo deseo sexual y animal es mejor que envolverse en una relación de pareja ya que, hablando sobre los heterosexuales y bisexuales, la gente puede evitarse una de las peores *consecuencias de las relaciones de pareja,* a saber, tener hijos y formar una familia.

Sobre eso debe recordar: (1) que una de las peores acciones que uno puede hacer en este mundo de pestilencias infinitas es llenar la única vida con «vida familiar», hijos(as), suegras y esposa(o);[cxiv] y (2) que tener hijos (al igual que criarlos) es una desgracia. Ello, ya que los hijos: (a) aumentan las preocupaciones; (b) les chupan muchos años de vida a sus progenitores; (c) les quitan muchos billetes a sus progenitores; y (d) «no traen felicidad a las vidas de los padres.»[cxv]

Por eso no sorprende saber que las personas comunes y corrientes que tienen hijos, sin contar las siempre existentes y peligrosas excepciones: (1) «son menos felices»; (2) «tienen niveles más bajos de satisfacción vital»; y (3) tienen «menos bienestar mental.»[cxvi]

Debe señalarse también que en estos *tiempos de gran necedad,* en donde los divorcios y las separaciones (entre personas que nunca se casaron) entre los miembros de las parejas con hijos son enormes, las desgracias y sufrimientos por tener hijos aumentan ya que los hijos suelen ser utilizados como negocios. En el caso de esta cotidiana desgracia, vemos que los progenitores que no *mantienen la custodia de sus hijos* tienen que pagar unas pensiones alimentarias que, casi siempre, no están acordes con sus ganancias económicas ni con los costos de vida dentro de sus respectivos países. Y esto no termina ahí.

Un análisis más profundo revela que las personas (pobres y comunes) que tienen hijos y que posteriormente se separan o divorcian, se convierten en esclavas de sus odiosos hijos. Digo eso ya que esas desgraciadas personas, tienen que trabajar reciamente durante gran parte de sus vidas para criar y mantener a unos inconformes muchachitos que, al llegar a la adultez, se marcharán con las primeras bestias que les ofrezcan sexo y embustes amorosos.

Cabe añadir, sobre las necesidades de los *destructivos hijos,* que en muchas ocasiones tales necesidades son tan altas que los desgraciados progenitores, a fin de no dormir en cárceles, tienen que conseguir dos o tres trabajos: (1) para cubrir las necesidades de sus hijos; y (2) para tratar de cubrir sus propias necesidades.

Y no se puede olvidar, por último, que las afamadas madres solteras y pobres son, como consecuencia de buscar la satisfacción sexual *(que es parte de la voluntad)* por medio del coito, las peores esclavas de los hijos. Esas incansables mujeres, que la mayoría de ellas son pobres y tienen un bajo coeficiente intelectual, suelen ser mujeres que tuvieron hijos con unos hombres que, por distintas razones, las abandonaron y no las ayudan con las necesidades económicas de los hijos.

Es triste ver que muchas de esas madres solteras y abandonadas, por haber preferido el coito sobre *la deliciosa masturbación,* tengan que desperdiciar su única vida (en especial cuando sus fuerzas cerebrales están en mejor estado) en chatarra trabajos a fin de mantener a sus hijos.

Capítulo tres
Otras adicciones

I. Los ludópatas
A. Información general

Dije antes que una *adicción ocurre «cuando* una persona se rinde ante una sustancia o una actividad que gradualmente va tomando control sobre su vida y (...) eventualmente la destruye si no logra rehabilitarse.»[cxvii] Pues bien, si usted analiza con profundidad lo dicho verá que existen múltiples razones por las cuales una persona se puede convertir en adicta. Y ya que eso es así entiendo que no está de más que discuta, brevemente, algunas adicciones que no he mencionado antes.

Comienzo la discusión hablando sobre los ludópatas o adictos a los juegos de azar. Lo primero que debe saber es: (1) que los juegos de azar pueden crear adicción; y (2) que la adicción a los juegos de azar es potente. Y sobre esto último debe saber que, la ciencia ha demostrado que *la adicción a los juegos de azar puede alcanzar una potencia similar a la de «cualquier droga.»*[cxviii]

Lo segundo que debe saber es que el adicto a los juegos de azar, conocido como ludópata, «es aquella persona que tiene un impulso irreprimible de jugar [juegos de azar], a pesar de ser consciente de las consecuencias *personales, sociales y económicas de esa conducta.*»[cxix]

La Voz de Galicia.es

ADICCIONES

El nuevo plan de trastornos adictivos incluirá la ludopatía y abordará la perspectiva de género

El plan cuenta con más de un centenar de medidas concretas, entre ellas la prevención del consumo de bebidas alcohólicas entre los menores de edad

Tamara Montero | SANTIAGO/LA VOZ. | 31/12/2010

Un buen ejemplo sobre una infeliz ludópata proviene desde Puerto Rico. Allí, en 2014, una empleada pública estaba tan enviciada con los juegos de azar que: (1) se apropió ilegalmente de ochocientos treinta y seis mil dólares; y (2) terminó arrestada por agentes federales del orden público por ilegalmente haber gastado la mencionada cantidad dinero (que eran fondos públicos) en juegos de azar.[cxx]

Lo tercero que debe saber, por lo menos en esta sección del librito, es que dentro de este insignificante planeta hay millones de ludópatas. Digo eso ya que, «se estima que entre el 1% y el 3% de la población mundial *es adicta al juego.*»[cxxi] Y muchos de esos adictos, cabe añadir, están en un pequeño, violento y caribeño narco-estado llamado Puerto Rico.

Expreso eso ya que un análisis realizado y divulgado por peritos de la Administración de Servicios de Salud Mental y Contra la Adicción (ASSMCA) concluyó, en 2012, que «el 6.4%» de los habitantes de Puerto Rico «sufre de adicción a los juegos de azar.»[cxxii]

Lo cuarto que debe saber es: (1) que hay hombres y mujeres que son ludópatas; (2) que la mayoría de los ludópatas son varones; y (3) que los hombres y mujeres caen en la ludopatía por diferentes razones.[cxxiii]

Sobre esto último cabe mencionar que, los hombres que se han convertido en adictos a los juegos de azar juegan compulsivamente «por la búsqueda de sensaciones como el bienestar o la ganancia.»[xxxiv] Y en el caso de las mujeres ludópatas se sabe que, la mayoría de ellas, se han convertido en adictas a los juegos de azar porque utilizan los mencionados juegos para, parecido a las alcohólicas, tratar de escapar de sus «problemas personales.»[xxxv]

Lo quinto que debe saber es que el origen de una adicción, incluyendo la ludopatía, «es multifactorial, involucrándose *factores biológicos,* genéticos, psicológicos y sociales.»[xxxvi] Pues bien, si usted le aplica lo mencionado a la ludopatía encontrará dichos factores. Así, por ejemplo, se sabe que la adicción a los juegos de azar está relacionada con «daño cerebral.» Digo eso ya que un estudio realizado por investigadores de la **Universidad de Cambridge** demostró, de manera contundente, que la adicción a los juegos de azar está relacionada con «una ínsula cerebral hiperactiva que separa el lóbulo frontal del temporal.»[xxxvii]

Sobre los factores psicológicos que están relacionados con la ludopatía se sabe, gracias a los estudios de la *Asociación Estadounidense de Psiquiatría,* que los ludópatas padecen de «un trastorno de control de impulsos.»[xxxviii]

Y sobre los factores sociales, que también involucran factores psicológicos, tengo que decir que los ludópatas más viejos pueden servirnos para explicar dichos factores. Digo eso ya que la mayoría de los viejos que son adictos a los juegos de azar, juegan de manera compulsiva ya que piensan que por medio del juego pueden huir «de sentimientos de soledad, *de insatisfacción* o incluso de malestar físico.»[xxix]

Ya que he mencionado a los viejos, creo que es oportuno mencionar que la población mundial está envejeciendo. Eso es bueno ya que demuestra, en parte, que millones de adultos jóvenes y maduros se han dado cuenta de que la vida humana, que está llena de sufrimientos, es demasiado corta como para cargarla con hijos.

Ahora bien, ese envejecimiento poblacional ha convertido a los viejos en los seres humanos que, tanto en el presente como en el futuro, tienen más probabilidades de convertirse en ludópatas. Todo esto se debe a que los viejos, en especial los viejos que se han retirado y que han sido embrutecidos hasta el punto de creer que la soledad es terrible: (1) no saben qué hacer con su tiempo libre; y (2) suelen creer que *en los casinos, bingos,* galleras y salones de apuestas pueden encontrar actividades para compartir, «conocer personas» y obtener algún tipo de «gratificación instantánea.»[xxx]

B. Niveles de la ludopatía

Vimos antes que los adictos, entre ellos los ludópatas, «se encuentran involucrados en un comportamiento dañino para ellos mismos o para otros, como respuesta a un fuete deseo de hacerlo...».[cxxxi]Ahora, después de haber dicho eso, es momento de hablar sobre los grados de la adicción a los juegos de azar.

Sobre eso, comienzo diciendo que la *adicción a los juegos de azar* comienza como otras adicciones. Es decir, los ludópatas comienzan participando en juegos y apostando cantidades pequeñas de dinero y tiempo. Con el pasar del tiempo el ludópata, que siente placer al regalar tiempo y dinero en los juegos, va aumentando la cantidad de tiempo y dinero que derrocha en los juegos de azar.

Al llegar este momento, la adicción a los juegos de azar se encuentra en el primer nivel. En esta etapa, todavía el ludópata puede pagar *sus obligaciones económicas* sin ningún problema. De hecho, en esta etapa no es extraño que algunos familiares del ludópata de primer nivel acompañen a su querido enfermo a los casinos, *salones de apuestas,* entre otros centros de juegos.

Con el pasar del tiempo la adicción a los juegos de azar sigue apretando hasta el punto de que, para tristeza de sus familiares, la vida del ludópata comienza a afectarse seriamente. En este punto, la adicción a los juegos de azar pasa a un segundo nivel y uno puede ver que el ludópata «pasa cada vez más tiempo apostando, miente a sus seres queridos acerca del juego, deja de pagar las cuentas o *falta al trabajo o a compromisos familiares por causa de las apuestas.*»[cxxxii]

Cabe señalar que, a nivel mundial, la mayoría de los ludópatas se encuentran en el segundo nivel o segunda etapa de la adicción. Es por eso que abundan los análisis que certifican que la mayoría de los adictos a los juegos de azar, además de ser varones,[cxxxiii] son personas «de mediana edad» que «trabajan» y «generan un ingreso» estable.[cxxxiv]

Sobre el tercer nivel de la ludopatía es preciso señalar que el ludópata está tan adicto y fastidiado como, por ejemplo, un adicto a la heroína o al crack. Digo eso ya que la inmensa mayoría de los ludópatas que están en este *destructivo nivel de la adicción:* (1) no se alimentan adecuadamente; y (2) descuidan su salud.

También se puede ver en este nivel de la adicción que los adictos a los juegos de azar, que son adorados por los dueños de los casinos, tienen graves e irreversibles pérdidas dentro del «entorno familiar y profesional.» Es decir, en este grave nivel es común que los ludópatas: (1) se hayan divorciado como consecuencia de la ludopatía; y (2) no hayan obtenido ascensos laborales por dedicarle poco tiempo al estudio (de materiales relacionados con sus profesiones u ocupaciones) y mucho tiempo a los juegos.

En este nivel, además, es común que los adictos a los juegos sufran graves consecuencias legales. Así, por ejemplo, muchos ludópatas de tercer nivel son *lanzados de sus hogares,* mediante órdenes judiciales, por falta de pago.

También es común que estos ludópatas sean encarcelados, mediante *órdenes judiciales,* por no pagar las pensiones alimentarias en beneficio de menores (o mayores) de edad. Y no se puede olvidar, además, que muchos ludópatas de tercer nivel *terminan encarcelados (o en probatoria)* debido a que incurren «en actividades delictivas para seguir apostando.»[xxxv]

Como ha podido ver, la adicción a los juegos de azar es un asunto serio que se puede comparar, en especial en sus consecuencias finales, «con la drogadicción y el alcoholismo.» Digo eso ya que el desquiciado ludópata suele terminar –además de quebrado– encarcelado, demacrado y divorciado. También indico eso ya que muchos adictos a los juegos de azar terminan mentalmente afectados o muertos.[cxxxvi] Y sobre estos últimos (sobre los que terminan muertos) cabe indicar que, la inmensa mayoría de ellos llegan al cementerio por medio de la ejecución de actos suicidas.[cxxxvii]

Lo mencionado me ha hecho recordar un caso que ocurrió en Chile. Allí, en 2013, una ludópata que estaba en la etapa más grave de la adicción perdió todo su dinero y, sabiamente, tomó la decisión de suicidarse –«con el cordón de la ducha»– en un hotel y casino.[cxxxviii]

También recuerdo un caso que ocurrió en Detroit, Estados Unidos de América. Allí, en 2000, un policía que estaba franco de servicio y que *sufría de ludopatía,* pasó todo un día jugando y perdiendo tiempo y dinero en varios casinos. Cabe señalar que el mencionado *ludópata* perdió tanto dinero que, cuando perdió sus últimos billetes, sacó su arma de fuego y se pegó un tiro dentro del casino.[cxxxix]

Ismael Leandry-Vega

Otro caso que recuerdo ocurrió en Canadá. Allí, en 2011, una ludópata acumuló una deuda de «$150,000» como consecuencia de su adicción a los juegos de azar. Y debido a ello, la irresponsable y joven mujer tomó la sabia y valiente decisión de suicidarse.[cxl]

Plasmados los tres ejemplos, entiendo necesario hacer un paréntesis en la discusión para decir que los suicidios de los ludópatas no deben causar preocupación. No tiene nada de malo, dentro de un planeta que no tiene los recursos para alimentar a los egoístas seres humanos, que un ludópata se suicide. Con la muerte voluntaria (suicidio) de un ludópata no se pierde gran cosa. Recuerde que los ludópatas no son personas sabias que, en beneficio de la humanidad, trabajen en la creación de vacunas y medicamentos para bregar con enfermedades peligrosas.

Tampoco debe provocar preocupación, ni pedidos para cerrar *centros o servicios de juegos de azar,* el suicidio de los ludópatas ya que está demostrado que la existencia humana (al igual que el planeta Tierra) no es nada. Recuerde: (1) que al universo no le importa la existencia humana; (2) que la raza humana desaparecerá de este universo; (3) que la muerte de un ser humano es tan insignificante como la muerte de una mosca; y (4) que todos los seres humanos existen «para morir.»[cxli]

Otra razón para que no se pida el cierre de los centros de juegos de azar cada vez que un imbécil ludópata se suicide es que la vida humana, que no tienen ningún valor para el universo, no es más que *sufrimiento y pestilencia.* De hecho la filosofía ha demostrado que el ser humano, aunque haga todo lo posible para ignorarlo y olvidarlo, vive dentro de un *«mundo de sufrimientos infinitos.»*[cxlii] Y si un ludópata quiere terminar con sus sufrimientos mediante un acto suicida, pues que así sea.

Otro argumento que no se puede pasar por alto es que todo país, para tener algo de estabilidad, necesita dinero para controlar a las odiosas, pestilentes, egoístas e insignificantes bestias humanas. Dicho control se tiene que dar mediante la mano dura y, sobre todo, mediante programas de asistencia *económica y nutricional.* Y los impuestos que recauda el Estado por medio de las ganancias económicas que obtienen *los centros de juegos de azar:* (1) son más importantes que la vida de los pendejos ludópatas; y (2) permiten que el Estado tenga dinero para sus programas de control y manipulación social.

Sobre el egoísta y subjetivo sufrimiento de los familiares de los ludópatas suicidados, que es el argumento favorito que utilizan los fanáticos de la estupidez social para pedir el cierre de los centros o servicios de juegos de azar, tengo que decir que dicho sufrimiento vale menos que la mierda y no es importante.

Digo eso ya que esos familiares, que no cooperan para evitar o minimizar la muerte de seres humanos en África y América Latina como consecuencia del hambre y la falta de medicamentos, *también morirán y serán olvidados.* Lo que significa, que sus sufrimientos (al igual que sus miserables existencias) son pasajeros e insignificantes.

Cerrado el paréntesis ahora tengo que decir que, otro asunto que demuestra la destructiva y adictiva potencia de la ludopatía es que, al igual que en el caso de los borrachos, muchos de los adictos a los juegos de azar (particularmente los que están en el segundo y tercer nivel de la adicción) presentan síntomas de abstinencia cuando dejan de jugar de manera enfermiza. Así, por ejemplo, esos adictos suelen presentar —*en la etapa de abstinencia*— «insomnio, dolor de cabeza, pérdida de apetito, debilidad física, palpitaciones, dolor muscular, dificultad para respirar y escalofríos.»[cxliii]

C. Juegos de azar en línea
1. Información general

Usted vio antes que una adicción, incluyendo la destructiva ludopatía, «es una actividad compulsiva y la implicación excesiva en una actividad específica.»[cxliv] Ahora verá que el desarrollo de una adicción, biológicamente hablando, «reside en el sistema límbico.»

Cabe señalar que el sistema límbico, que es un centro de recompensa cerebral mediante la liberación química, es «una parte (...) de nuestro cerebro que está involucrada con la memoria, emociones y recompensas.»[cxlv] Dicho sistema límbico es tan poderoso «que garantiza que *todas las actividades gratificantes o de refuerzo*»,

---

como son las conductas adictivas que les provocan gratificaciones a los adictos, «sean priorizadas.»[cxlvi]

Pues bien, para infelicidad de los familiares de los ludópatas ahora hay una nueva forma para que los ludópatas con destrezas básicas en computadoras, además de *derrochar tiempo y dinero,* puedan lograr que sus enfermos sistemas límbicos les provoquen ilusorias gratificaciones mediante juegos de azar. Digo eso ya que en muchos países, como en España, hay muchísimos servicios de juegos de azar en línea.[cxlvii]

Cabe mencionar que un servicio de juego de azar en línea es, además de un servicio tecnológico que facilita que una persona se quede sin dinero, «todo servicio que implique apuestas de valor monetario en juegos de azar, incluidos aquellos con un componente de habilidad como las loterías, los juegos de casino, el póquer y las apuestas, que se preste *por cualquier medio a distancia, por vía electrónica o mediante cualquier* otra tecnología que facilite la comunicación, y a petición individual del destinatario del servicio.»[cxlviii]

Habiendo explicado eso, tengo que decir que los servicios de juegos de azar a distancia son claros ejemplos de que la tecnología puede provocar graves daños. Realmente es una gran peligrosidad que una persona pueda, sin tener que salir de su hogar y con el mero teclado de su computador personal, jugar y perder grandes cantidades de dinero y tiempo en juegos de azar a distancia. Eso significa, bien analizado, que toda persona que tenga una computadora conectada a la red de Internet tiene, por así decirlo, un casino *(para perder tiempo y dinero)* dentro de su propio hogar.

Para los pendejos ludópatas, estos servicios de juegos de azar a distancia son deseos convertidos en realidad. Ello, porque el ludópata puede derrochar tiempo y dinero sin salir de la protección que le brinda la privacidad de su hogar.

Debe saber que mi negativa opinión sobre los negocios de juegos de azar en línea está basada: (1) en que la mayoría de las personas que juegan juegos de azar en línea son ludópatas; y (2) en que los juegos de azar en línea han aumentado la cantidad de cabezas de chorlito que –derrochando tiempo y dinero– apuestan en juegos de azar.

Para demostrar lo antes apuntado, debemos ir a un estado-policial llamado los Estados Unidos de América. Ello, ya que los negocios de juegos de azar en línea han provocado que diez millones de habitantes de

---

dicho países participen «cada año en (...) el póquer en línea.»[cxlix]

Debe notar que la cifra antes mencionada, únicamente está relacionada con el póker en línea. Si a dicha cifra le añadimos las personas que neciamente juegan otros juegos de azar en línea, la cantidad de persona que juegan desde la comodidad de sus hogares *o desde sus centros de trabajo* aumentaría en varios millones.

Si nos movemos a Europa, usted también podrá ver que *mi opinión encuentra fundamentos.* Digo eso ya que varios análisis han demostrado que, en Europa, «el rápido avance de las tecnologías en línea (telefonía móvil y telefonía inteligente, tabletas y TV digital)» ha estado «acompañado de un aumento en paralelo de la *oferta y el uso* de servicios de juego en línea.»[cl]

2. Sí a los casinos en línea

Usted leyó, líneas arriba, que los adictos (incluyendo los ludópatas) «se encuentran involucrados en un comportamiento dañino para ellos mismos o para otros, como respuesta a un fuerte deseo de hacerlo...».[cli] También usted observó que el adicto, en especial el ludópata que está bien enviciado, «descuida sus relaciones principales y puede mentir, engañar y robar para continuar» con sus destructivas y viciosas acciones.[clii]

Usted también pudo leer, además de lo antes mencionado, que la adicción a los juegos de azar *(presenciales o a distancia)* «es un problema de salud mental y [un trastorno] de control de impulsos» que «controla a la persona», ya que los malditos juegos de azar «se convierten en lo más importante.»[cliii]

Pues bien, a pesar de todo lo anterior (incluyendo mis críticas) tengo que decir que, en nombre de la libertad, yo estoy de acuerdo con la existencia de los negocios de juegos de azar a distancia. Ello, ya que: (1) los juegos de azar no son más que unos vicios; y (2) sin la libre selección de vicios no puede existir la libertad ni mucho menos la democracia.

De hecho, no se puede olvidar que dentro de las características del verdadero significado de la palabra libertad, en especial dentro de un sistema verdaderamente democrático, está el asunto de que toda persona pueda fastidiarse con los vicios que desee sin temor a sufrir castigos legales. Lo más que puede hacer el Estado, con relación a los vicios, es regularlos mediante legislación.

En fin, el punto central es que aunque no me agrada la idea de la existencia de los negocios de *juegos de azar a distancia,* defenderé (ya que comprendo el significado de la palabra libertad) el derecho que tiene la gente para derrochar su tiempo y dinero en los juegos de azar.

II. Adictos a las compras
A. Información general

Vimos antes que una adicción «puede estar vinculada a cualquier sustancia o actividad que el individuo no es capaz de controlar.» Es por eso que, por ejemplo, hay adicción «a las drogas, al alcohol, *al juego (ludopatía),* a las nuevas tecnologías», a la comida y a la pornografía.[cliv] Y no se puede olvidar que, para beneficio de los dueños de los centros comerciales, también existe la adicción a las compras.[clv]

Sobre eso de la adicción a las compras, que «es un trastorno de control de impulsos»,[clvi] lo primero que tengo que manifestar es que, para bochorno de las feministas, la inmensa mayoría de los adictos a las compras pertenecen al sexo femenino. Lo segundo que tengo que decir es: (a) que la inmensa mayoría de los adictos a las compras son materialistas; y (b) que los adictos a las compras —en especial los más endeudados, enfermos y embrutecidos— suelen experimentar alegría y euforia mientras satisfacen su destructiva y necia adicción.[clvii]

Sobre lo dicho en el punto (b) antes escrito, cabe añadir que dichas sensaciones de falso bienestar y alegría son, además de potentes, similares a las que experimentan los borrachones luego de consumir sus venenos favoritos. Es por eso que la adicción a las compras, que ha afectado a muchos psicólogos y psiquiatras, es muy difícil de superar.[clviii]

De hecho, la cantidad de personas que logran superar dicha adicción (luego de haber recibido tratamientos) es menor que la cantidad de personas que, luego de haber recibido sus *inefectivos y costosos tratamientos,* siguen comprando cachivaches de manera patológica.

Otro dato que se debe tener en cuenta sobre la adicción a las compras, que en estos tiempos (en donde la gente le paga más dinero a las actrices tetonas, necias y nalgonas que a los ganadores del premio Nobel) le ha fastidiado el pensamiento a millones de personas educadas, es que casi siempre es una pantalla que esconde *serias imbecilidades* y serias condiciones mentales.

Digo eso ya que los adictos a las compras, en especial los materialistas que adoran pasear por ahí con sus cachivaches costosos, «intentan llenar carencias de afecto, control, pertenencia o reconocimiento a través de objetos nuevos.»[clix]

Ahora es necesario que usted sepa, después de haber leído lo anterior, que la inmensa mayoría de las adictas a las compras que viven en países *capitalistas y consumistas* están tan embrutecidas que no se percatan de que, poco a poco, se han convertido: (1) en adictas a las compras; y (2) en seres que enriquecen a los fabricadores de los productos.

Lo dicho no debe ser un asunto que cause sorpresa ya que, como se ha demostrado, muchos adictos (tanto los adictos a substancias controladas como los *adictos conductuales*) suelen negar que son adictos y, además, suelen negar las consecuencias que sus adicciones provocan: (1) sobre sus aburridas vidas; y (2) sobre las vidas de sus seres queridos.[clx]

Tampoco debe causar sorpresa lo dicho líneas arriba ya que, se sabe que los adictos a las compras: (1) aunque reconozcan que tienen un serio problema suelen imbécilmente justificar las consecuencias de sus adictos actos; y (2) adoran hablar con otros adictos a las compras sobre las necias acciones que han realizado *como consecuencia* de la mencionada adicción.[clxi]

Ahora bien, lo más contundente para decir que usted no se debe sorprender por lo antes dicho es que las poderosas élites, en especial en los países desarrollados, capitalistas y consumistas (Estados Unidos de América es un buen ejemplo), han utilizado (y seguirán utilizando) billones de dólares para embrutecer a la gente a fin de hacerle creer, en contra de la evidencia científica: (1) que el consumismo y el materialismo son conductas buenas, normales y sexis; y (2) que gastar (continuamente) dinero *en la compra de cachivaches innecesarios* brinda felicidad.

Explicado lo anterior, ahora usted debe saber que lo más sorprendente de la adicción a las compras es que dicha adicción provoca que los adictos: (1) *se autoengañen;* y (2) *se insensibilicen.*

Digo eso ya que los adictos a las compras, que pueden ser ricos o pobres, mientras se dicen así mismos (y a otras personas) que son buenas y sensibles, llegan a un nivel de imbecilidad tan sorprendente que llegan a convenientemente olvidar que casi todas las porquerías que compran fueron fabricadas por esclavos que viven y trabajan en países en donde –en nombre y en beneficio del macabro capitalismo-corporativo– se *permite la explotación* y el abuso laboral.

Otra gran consecuencia de la adicción a las compras, que suele aumentar el grado de estupidez en los adictos, es que muchos *adictos a las compras* terminan seriamente embrutecidos por lo que yo llamo *el «farandulerismo.»*

El «farandulerismo», una palabra que he inventado para describir lo que mencionaré, es una distorsionada y bajuna visión de vida en donde los embrutecidos adictos: (1) terminan admirando –por encima de las luminarias que han ganado premios respetables *(como el premio Nobel)* que están relacionados con la inteligencia superior– a los máximos exponentes de la moda, del cine, de la televisión y del deporte profesional; y (2) prefieren gastar más dinero en productos de belleza que en libros y artículos académicos.

Cabe mencionar que en los casos más severos y tristes de «farandulerismo», en donde la imbecilidad llega a niveles altísimos, los adictos a las compras: (1) gastan fuertes sumas de dinero para que los cirujanos plásticos les realicen cirugías para tratar de parecerse a sus chatarras y favoritas estrellas del espectáculo; y (2) gastan mucho dinero en *«chatarra-tratamientos de belleza»* que estén de moda.

Después de haber escrito lo anterior, entiendo que es necesario hacer una pequeña aclaración. La adicción a las compras «no tiene nada que ver con los ingresos.» Es por eso: (1) que hay adictos a las compras que son ricos; (2)

que hay adictos a las compras que son pobres; y (3) que la mayoría de los adictos a las compras –en Puerto Rico, EUA y Reino Unido– son personas pobres. La única consideración que tiene el asunto del nivel socioeconómico en este asunto es que, suele determinar «el sitio en el que se compra.»[clxii]

B. Compras por Internet

Vimos antes que *la red de Internet,* cuando se utiliza para crear negocios relacionados con los juegos de azar en línea suele ocasionar serios daños sociales. Ejemplo sobre ello es que, como mencioné antes, los juegos de azar en línea: (1) están aumentando la cantidad de ludópatas; y (2) han disminuido la edad de los ludópatas que juegan *juegos de azar a distancia.*[clxiii]

Ahora debe saber que la red de Internet, ha tenido un gran impacto a la hora de desarrollar adictos a las compras. Para empezar, se sabe que la red de Internet le permite a los adictos a las compras: (1) comprar en todo momento; y (2) averiguar cuáles son los bienes muebles que están al último grito de la imbécil moda.[clxiv]

También se sabe que la red de Internet permite que los adictos a las compras, sin tener que salir de sus hogares, puedan satisfacer sus inmaduros deseos de ostentación. Es por eso que, por ejemplo, uno puede ver que muchos adictos a las compras en línea informan sobre sus viciosas compras por medio de Facebook y Twitter.

Otro negativo asunto que no se puede pasar por alto es que, las tiendas en línea que venden bienes muebles han provocado que los consumistas y materialista estén aumentando la cantidad de tiempo que desperdician en actos relacionados con la observación (y fantasía) de los bienes muebles deseados.

Es por eso que, por ejemplo en los *Estados Unidos de América y en el Reino Unido,* muchos materialistas y consumistas: (1) pasan muchísimas horas en los centros comerciales; y (2) pasan muchas horas observando las páginas electrónicas de los comercios en línea.

Lo antes dicho es, por decir lo menos, una gran tragedia. Recuerde que una de las peores formas de perder el tiempo, o de derrochar la corta vida, es viendo (ya sea de forma presencial o en línea) *los objetos que están en venta en las tiendas.* Y también recuerde, en apoyo a lo dicho, que los filósofos más talentosos, realistas y profundos, al igual que muchos psicólogos, siempre han dicho que todo ser humano debe encontrar «formas significativas de pasar el tiempo.»[clxv]

C. Tratamiento

Usted pudo ver que la adicción a las compras «es un trastorno mental» que ha sido reconocido por la ciencia.[clxvi] También pudo leer que *«para los compradores compulsivos,* comprar crea un sentimiento similar a la euforia que provoca el alcohol (...).»[clxvii]

Pues bien, ahora debe saber que la adicción a las compras es una adicción difícil de superar y tratar. De hecho, esa adicción es tan poderosa que para muchas personas –*aunque hayan recibido ayuda profesional–* es «imposible» de superar.[clxviii]

Otro peculiar asunto que debe saber es que, la inmensa mayoría de los adictos a las compras no suelen buscar ayuda profesional hasta que, debido al paso de los años, las consecuencias de sus acciones llegan a ser cuantiosas. De hecho, *las ciencias de la conducta humana* han demostrado que un adicto a las compras, por lo regular, «tarda una media de 10 años desde que empieza a tener problemas hasta que pide ayuda...».[clxix]

Debo mencionar, por último, que las *personas comunes y corrientes que no son millonarias* y que han sido severamente embrutecidas por el consumismo y por el satánico materialismo: (1) son un peligro para la estabilidad social; y (2) necesitan recibir ayuda profesional de manera urgente.

Digo eso ya que la actual y mundial crisis económica, que en muchos países (por ejemplo en Puerto Rico, Chipre, España y Grecia) se ha convertido en una poderosa y destructiva depresión económica, fue provocada (por una parte) «por el consumo excesivo de personas que no pudieron hacer frente a sus deudas» y que, neciamente, *habían apoyado la vida materialista y consumista.*[clxx]

Capítulo cuatro
Fragmentos y añadidos

1.

El ser humano intelectualmente superior hace todo lo posible para, además de leer, escribir todos los días a fin de dejar plasmados sus pensamientos para la posteridad. Mientras que el ser intelectualmente inferior, que hace todo lo posible para no tener que leer material intelectualmente profundo, hace todo lo posible para (constantemente) tomarse autorretratos electrónicos ("selfies") *y subirlos a las redes sociales.*

2.

El ser humano, que ha sido dotado por la naturaleza con un cerebro para poder (aunque sea un poco) elevarse por encima del cerdo, encadena parte de su efímera libertad cuando se envuelve en una relación de pareja. Digo eso ya que el ser humano que vive en pareja, tiene que hacer y dejar de hacer muchas acciones en aras de satisfacer a su pestilente pareja. A eso se suma que dicho ser humano, por estar viviendo en pareja, sufrirá unos severos y constantes golpes emocionales que le harán perder muchos días de vida.

Es por eso que una persona inteligente, que sabe que lo mejor en la vida es poder tener una vida tranquila que esté libre de infortunios, a la hora de satisfacer su odioso y constante deseo sexual prefiere utilizar, por encima del contacto corporal, sus manos y la pornografía legal.

De ahí que la utilización de la pornografía legal para saciar los deseos de la voluntad, no tenga nada malo. Y de ahí, además, que no tenga nada de malo que una persona tenga una colección de material sexual, legal y explícito.

En fin, si se hace un profundo y frío análisis se podrá ver que es mejor masturbarse (para saciar los deseos de la insaciable voluntad) que follar con una pareja que, después de los actos sexuales, no hace más que importunar y pedir atenciones. También se podrá ver y comprender, por medio del frío análisis, que la combinación de la masturbación con la pornografía legal evita que una persona se fastidie por medio de las malditas *«complejidades* y riesgos inherentes de las relaciones de la vida real.»[clxxi]

3.

Siempre se ha dicho, en muchos lugares, que un pestilente e insignificante ser humano que haya alcanzado la vejez es una persona sabia. Sin embargo, eso no es del todo correcto. Un anciano, a pesar de que haya andado y leído mucho, puede ser tan inmaduro e irracional como un adolescente.

Una buena forma para analizar cuán sabio es un anciano común y corriente, es analizando lo que dicho anciano hace con su tiempo libre y con su soledad. Si dicho anciano, a pesar de gozar de buena salud física y mental, no utiliza su tiempo libre para realizar actos *intelectualmente valiosos,* estamos ante un anciano que no ha logrado adquirir gran sabiduría. Y lo mismo se puede decir de un viejo común y corriente que, a pesar de gozar de buena salud física y mental: (1) siente hastío cuando está en soledad; o (2) incurre en actos alocados debido a que no puede tolerar su aburrimiento e insignificancia.

De ahí que alrededor del mundo, a pesar de la enorme cantidad de *material intelectualmente valioso (y gratuito)* que está disponible en la red de Internet, abunden los viejos que no puedan ser catalogados como sabios. Digo eso ya que, alrededor de este *insignificante planeta,* millones de viejos han tomado la decisión: (1) de alejarse de la sabiduría; (2) de abrazar los juegos de azar; y (3) de abrazar los espectáculos.

Esos viejos, *debido a su falta de entendimiento y a su enorme ignorancia con relación a los juegos de azar,* «no juegan tanto por buscar el premio o por el reto de ganar o por la competitividad como hacen los jóvenes, sino que lo hacen para modular estados emocionales negativos.»[clxxii]

Es por eso que, la mayoría de los viejos comunes y corrientes que se personan a los centros de juegos de azar lo hacen: (1) para evitar (fantasiosamente) sentirse solos; (2) ya que nunca comprendieron la importancia que tiene la soledad; y (3) *para tratar de combatir (infructuosamente) un poderoso sentido de aburrimiento.*

Realmente es triste ver que los centros de juegos de azar, al igual que los espectáculos de pacotilla, estén llenos de viejos: (1) que tienen mucho tiempo libre entre sus manos; y (2) que podrían aprovechar sus últimos años de vida en acciones valiosas. También es triste ver que los mencionados viejos, demostrando que no son sabios, se han olvidado de que los empleados y dueños de los centros de juegos de azar: (a) no *están interesados* en su bienestar; y (b) únicamente están interesados en sus billetes.

4.

La necedad es contagiosa y, además, se esparce rápidamente. De hecho, un análisis concienzudo y frío revela que, gracias a los avances tecnológicos, la necedad se esparce más rápido que el conocimiento. Y de todas las *necedades que los buenos para nada han esparcido por doquier,* la acción de tomarse (continuamente) autorretratos electrónicos para rápidamente subirlos a las redes sociales ocupa un lugar prominente en la larga y bochornosa lista de necedades humanas.

Digo eso ya que los buenos para nada que adoran los «selfies», que usualmente no tienen la capacidad necesaria para crear nada que perdure, son tan necios y populacheros que no pueden percatarse de que, por medio de los odiosos «selfies», demuestran que son seres tan insignificantes que buscan «aceptación de los demás porque *les cuesta apreciarse a sí mismos.*»[clxxiii]

Dicho eso, debe quedar claro que a las personas prominentes (presidentes, ministros, científicos destacados, ganadores del premio Nobel, profesores de universidades prestigiosas y empresarios exitosos) que se toman «selfies», o que permiten que otros lo hagan, no le aplica lo antes dicho. Esas prominentes personas, gracias a sus *logros propios,* tienen su autoestima en buen estado y, casi siempre, utilizan los «selfies» para enviar mensajes indirectos. En cambio, los buenos para nada suelen tener la autoestima por el piso.

Lo dicho es la razón por la cual, repito, una persona común y corriente *(una persona que no ha creado nada significativo y que meramente trabaja en un trabajo común)* que constantemente esté tomándose «selfies» demuestra que tiene un serio «problema de autoestima» baja.[clxxiv]

5.

La tecnología relacionada con la red de internet ha atontado tanto a la gente que, sorprendentemente, a la gente no le importa que las empresas que brindan servicios de Internet y comunicación social *(Facebook y Twitter son buenos ejemplos)* sean colaboradoras de las agencias de espionaje doméstico. Es sorprendente, además, que mucha gente, en especial mucha que se pasa hablando y escribiendo sobre derechos y libertades, haya renunciado a la privacidad en aras de utilizar la red de Internet en trivialidades.

6.

La red de Internet, gústenos o no, ha sido el mejor regalo que le han hecho los genios a las agencias de seguridad nacional para que puedan destrozar derechos y libertades. Sobre eso debo escribir que las agencias de seguridad y espionaje nacional están muy contentas ya que, no tienen que estar invirtiendo tanto dinero en la contratación de agentes dedicados a recopilar información (mediante técnicas de vigilancia callejera) y datos personales. Ahora, gracias a la red de Internet la gente se ha idiotizado tanto que *voluntariamente* le envía información personal y comprometedora a las mencionadas agencias.

7.

Muchos filósofos de alto calibre han demostrado que, sin importar el paso de los siglos, la estupidez siempre sobresale sobre la virtud. Pues bien, gracias a la red de Internet y a la tecnología relacionada con ella estamos viendo que lo antes mencionado sigue siendo verdad. La diferencia es que ahora, a diferencia del pasado, la estupidez está disponible en todo momento. Solo es cuestión de navegar por la red de Internet para ver que lo dicho es cierto.

Ahora bien, lo más peligroso es: (1) que la estupidez le ha ganado a la virtud y a la sabiduría; y (2) que *la estupidez está embruteciendo* a la raza humana por medio de fachadas inocentes y amigables. Y sobre el punto número dos antes mencionado debe saber que, me refiero a los malditos juegos electrónicos y a las informaciones electrónicas relacionadas con la farándula, la moda y la chismografía.

La cantidad de tiempo que la gente invierte en esas estupideces es cada vez mayor, y como consecuencia de ello cada vez: (1) disminuyen las visitas a páginas electrónicas con material valioso para adquirir conocimientos; y (2) la estupidez se esparce *(gracias a la red de Internet)* a una velocidad nunca antes vista.

8.

El suicidio es parte de la libertad humana.

9.

El ser humano es un monstruoso defecto de la naturaleza.

10.

Suicidarse no es una locura. Locura es enlistarse en las fuerzas armadas para, *mientras los ricos follan y comen,* pelear en tierras extrañas para defender los intereses de unos ricos que no están interesados en el bienestar de sus esclavos uniformados.

11.

La imbecilidad del pensamiento, al igual que un cráneo deformado, no se puede ocultar.

12.

En las *plutocracias capitalistas con derecho al voto,* como Estados Unidos de América, no son las guerras sino *la televisión y la Internet chatarra* las que están destruyendo a los hombres.

13.

El sabio debe combatir sin tregua una imbecilidad que se pega como el catarro: el consumismo.

14.

El ser humano masificado y listo, que no quiere morir, no quiere ni puede hacer nada en beneficio del conocimiento humano. Es por eso que esa bestia, que está muy presente en la política partidista, hace todo lo posible para impedir que el ser humano superior despunte.

15.

¡Ay de la época en que la gente admire a los artistas de cine y televisión por encima de los ganadores del Premio Nobel! *«Pues los frutos adquieren el sabor del suelo en el que han crecido!»*xbox

16.

Mucho se ha hablado sobre la adicción a los videojuegos de consola y sobre la adicción a los juegos en línea. Ahora bien, es mejor ser adicto a los videojuegos que adicto a la nicotina o *—como todos esos que se emborrachan durante los fines de semana—* adicto al alcohol.

17.

No se debe perder el corto tiempo en nimiedades. Ahora bien, a pesar de que jugar videojuegos en una nimiedad que se chupa la vida la realidad es que, *es mejor derrochar el tiempo* jugando videojuegos que bebiendo alcohol en tabernas y/o en espectáculos vulgares en donde el ruido es insoportable.

18.

El poder, cuando regala fiestas y alcohol siempre dura.

19.

Triste y peligrosa la época en que, la gente de un país prefiera fiestas y borracheras por encima de libros de genios que hayan ganado el Premio Nobel de Literatura.

20.

Soberano es el que se lleva la mayor tajada de dinero de las bóvedas del Gobierno. Por eso es que en los Estados-corporativos o Estados-empresariales, en donde la gente y los gobiernos (locales y nacionales) están esclavizados por las deudas, *es la banca la que debe ser llamada soberano.*

21.

La *televisión chatarra y la Internet chatarra,* en este siglo XXI, han destruido más cerebros que las drogas callejeras. Es por eso que, parecidos a los zombis, abundan los imbéciles y masificados que parecen no tener cerebro.

22.

Puerto Rico es un sucio y violento gueto en donde reina la perversidad, la rencilla, la corrupción y el amiguismo.

23.

Puerto Rico es un violento gueto caribeño en donde se desprecia la inteligencia y se alaba el pillaje, la corruptela y la nimiedad.

24.

Puerto Rico es un contaminado y violento gueto dirigido por listos y corruptos. Y esos listos y corruptos son apoyados por idiotas, consumistas, listos de bajo nivel, murmuradores y, por supuesto, por seguidores de la cultura del narcotráfico.

25.

Después de las matanzas de Hitler, Stalin y de los conquistadores españoles, al igual que después de todos los genocidios y todas las guerras civiles, hablar sobre la búsqueda de la felicidad resulta desagradable.

26.

La especie humana es una especie «rapaz y sanguinaria.»clxxvi Por eso se puede decir que, la única fiera salvaje que existe dentro del reino animal es el ser humano.

27.

Nunca es demasiado tarde para descubrir que el conocimiento es divertido y placentero.

28.

Un imbécil materialista, en una actividad para sabios, pasa por necio entre los sabios.

29.

Nada tan estúpido, en especial si no se trabaja en esa destructiva y millonaria industria del *embrutecimiento masivo llamada entretenimiento,* que realizarse una cirugía plástica por pura vanidad.

30.

Para que la *imbecilidad* social triunfe, basta con que los progenitores sean materialistas, consumistas, faranduleros y superficiales.

31.
Gracias a Facebook y Twitter, la imbecilidad se esparce rápidamente por doquier.

32.
No es necesario, gracias al progreso, ir a un circo para observar *las ocurrencias de los payasos* y de los idiotas. Ahora, desde la comodidad del hogar, solo es cuestión de *conectarse a Facebook y Twitter* para observar las cómicas ocurrencias de los payasos y de los idiotas.

33.
Los vulgares lerdos que por lo regular tienen algo de dinero para disfrutar de ratos de ocio, *lo único que desean es «pasar el tiempo.»*[xboati] Es por eso que Facebook y Twitter, y muchos foros electrónicos de discusión, están llenos de vulgares lerdos: (a) que no saben qué hacer con el tiempo libre; (b) que se pasan subiendo fotos electrónicas sobre eventos triviales; y (c) que se pasan escribiendo sobre trivialidades familiares y sociales.

34.
La depravación moral consiste, entre otros asuntos: (a) en hacer algo que violente el principio de mérito; y (b) en hacer algo a favor del amiguismo. Es por eso que, reclutar personas por medio de acciones *relacionadas con el amiguismo y la partidocracia es depravación moral.*

35.

Lo que te embrutece –*novelas del corazón, farándula, espectáculos chatarra e Internet chatarra*– te hace lerdo.

36.

Ningún animal no humano puede ser llamado fiera salvaje. La única fiera salvaje que hay en este mundo es el ser humano.

37.

Nunca es demasiado tarde para que reconozcas: (1) que tu relación de pareja-sexo es una pesada, costosa y apestosa cadena; y (2) que debes terminar con tu relación si es que quieres volver a ser libre.

38.

Pérdida de tiempo es la imbecilidad de ir de página de Internet a otra sin aprender nada.

39.

Un mensaje de texto electrónico puede herir más hondamente que una cuchilla.

40.

Es necesario tener cuidado con los mensajes electrónicos que uno escribe y envía por medio de la red de Internet. Pues es sabido que esos *mensajes electrónicos,* aunque parezcan inofensivos en el presente, pasado el tiempo se pueden convertir en armas capaces de destrozar carreras y reputaciones.

41.

El mundo no está en peligro por los psicópatas sino por los *consumistas y materialistas* que adoran comprar cachivaches innecesarios y cachivaches de lujo.

42.

Todo ser humano sabio evitar escribir *necedades personales* (mucho menos información personal sobre sus descendientes) en la red de Internet.

43.

Cuando ama, una cabeza dotada puede terminar destrozada y alejada de la sabiduría.

44.

Todo ser humano posee un «egoísmo innato.»[clxxviii] Ahora bien, la gran diferencia es que la mente superior siente envidia por asuntos relacionados con la mente superior y clara, mientras que *el vulgar y bueno para carne de cañón de guerra* siente envidia por los masificados que pueden tener fiestas, billetes y cachivaches lujosos y costosos. Es por eso que, por ejemplo, el ser humano inteligente siente envidia al leer a uno de los grandes maestros de la filosofía. Su envidia estriba en que desearía tener la potencia y claridad mental para pensar y escribir como el maestro que está leyendo.

45.

Comete un grave error, a mi parecer, la persona que utiliza su tiempo libre para publicar en la red de Internet asuntos que pertenecen a su esfera privada. La persona que hace lo mencionado, a mi parecer, ha olvidado que a nadie le interesa genuinamente lo que ella escriba sobre sus *sufrimientos y vicisitudes*. Ello, primariamente, ya que todos sufrimos. Y en segundo lugar, por razón de que «el sufrimiento es esencial a la vida.»[lxxix]Ahora bien, los que sí muestran interés lo hacen por razón de que *sienten atracción hacia acontecimientos desagradables*.

46.

Depravado moral es todo abogado que haya utilizado conexiones políticas o *conexiones sociales* para lograr ser nombrado juez o fiscal.

47.

Depravado moral es todo abogado que le haya donado dinero a un político (o a un partido político) con el depravado interés de que dicho político, en agradecimiento, le haga favores políticos.

48.

Depravado moral es todo político electo que, utilizando sus influencias y conexiones, logre que un hijo suyo obtenga un empleo público con buenos beneficios y un alto salario.

49.

Depravación moral es permitir que un abogado sin publicaciones académicas y sin grados universitarios avanzados en Derecho ocupe, por razones relacionadas con la política partidista y el amiguismo, una silla dentro del Tribunal Supremo.

50.

Las decisiones que toman los jueces del Tribunal Supremo tienen una repercusión enorme en la sociedad. Por consiguiente, los *jueces del mencionado tribunal* no deben ocupar sus puestos por más de diez años. No se puede permitir que un ser humano, por más alto que sea su coeficiente intelectual, ocupe por más de diez años una privilegiada y poderosa posición que usualmente le convierte, por el tiempo que ocupe su posición, en un dios humano con capacidad de cambiar vidas por medio de una pluma. Ningún ser humano debe tener tanto poder por mucho tiempo.

51.

Si golpeas a un policía que esté en servicio, ese policía tendrá motivos fundados para creer que le podrías quitar su arma de fuego. Y si el policía piensa eso, puede dispararte y matarte.

52.

La brutalidad policial se combate en el tribunal mediante demandas y en las *oficinas de asuntos internos mediante querellas administrativas,* no en la calle peleando con los policías abusadores. Recuerda que el *policía abusador,* por lo regular, es un insignificante mono humano que no tiene un elevado coeficiente intelectual y que, debido a que está más cerca de la bestia que del sabio, te puede matar. Por consiguiente, si algún día eres víctima de brutalidad policial deja que el policía cometa su brutalidad, y después de *cometida la brutalidad física* fastidia al mencionado policía en los tribunales, en la prensa y en las oficinas administrativas. Si dudas de mi recomendación recuerda a todos esos pendejos, necios *y alocados* héroes que, por haberse enfrentado a policías necios y abusadores, han muerto a manos de policías abusadores.

53.

Recuerda que «la mayoría» *de los seres humanos* «son idiotas.»[clxxx] Te pido que recuerdes eso para poder decirte que, debes ser inteligente cuando interactúes con un policía. Puesto que la mayoría de los policías, por ser unos idiotas masificados que adoran la violencia, pueden ejecutar un acto de brutalidad policial en tu contra si sienten que, aunque las instrucciones impartidas sean ilegales, no deseas cumplir con sus órdenes.

54.

Recuerda que, en este *insignificante planeta* «el número de necios es infinito.»[clxxxi] Y por ser eso así, te recuerdo que debes ser inteligente cuando interactúes con un policía en la calle. No olvides que la mayoría de los policías, que no leen libros de filósofos que se especializan en temas relacionados con la libertad, salen de ese número infinito de necios. Y si no eres inteligente al interactuar con un policía, aunque tengas la razón, te puedes ganar una paliza a manos de un necio con uniforme y placa.

55.

Recuerda que un juez es, por lo regular, un necio: (1) que compró su puesto mediante amiguismo y política partidista; (2) que sabe bastante sobre leyes; y (3) que sabe poco sobre todo lo demás. Por consiguiente, siempre debes entender que el juez no está interesado en la justicia ni en la verdad. El juez sólo está, además de chapeado con arrogancia, interesado en sus códigos, reglas, reglamentos y cheques quincenales. En fin, la mente de un juez suele ser una pequeña burbuja que le impide al señor juez, en muchísimos casos, separar la verdad del embuste. Es por eso que, incluso en Estados Unidos de América, hay muchísima gente que ha sido inocentemente encarcelada por un juez de primera instancia.

56.

En Puerto Rico, al igual que en todos los países americanos en donde el Poder Ejecutivo nomina a los candidatos a jueces –*y en donde el Poder Legislativo* confirma o rechaza–, la inmensa mayoría de los abogados que son nombrados para ocupar posiciones de jueces y fiscales logran ocupar sus posiciones por medio de unos actos de depravación moral llamados amiguismo y partidocracia. Ese tipo de acción corrupta, que favorece a los amigos del poder y a los hijos de los inversionistas, demuestra que no todas las personas son iguales ante el Derecho. También demuestra que la peor desigualdad, en los países capitalistas que están enchapados con una pinturita de democracia para compadres y comadres, «es la desigualdad de oportunidades.»clxxxii

57.

Sabemos que «hay muchos mal educados gobernando el mundo.»clxxxiii Pero, lo que alguna gente olvida es que hay muchos mal educados patrullando las calles con armas, porras, placas. Y eso, es un asunto espeluznante y peligroso. Puesto que significa que, por haber poca educación en la cabeza, las calles son vigiladas por necios, seres masificados, seres que *admiran a los deportistas por encima de los ganadores del premio Nobel* y, tristemente, por seres que admiran la violencia y la astucia por encima del conocimiento, la razón y el pensamiento crítico.

Referencias

[i]Mario Vargas Llosa. (2013). **Voces del silencio**. Madrid, España.: *El País*. Consultado el 24 de mayo de 2014, de http://www.elpais.com/.

[ii]**Los creadores de las luces LED se llevan el Premio Nobel de Física 2014**. (2014). Londres, Reino Unido.: *British Broadcasting Corporation (BBC)*. [Versión electrónica:http://www.bbc.co.uk/mundo/ultimas_noticias/2014/10/141007_ultn ot_nobel_fisica_lp].

[iii]Watch Tower Bible and Tract Society of Pennsylvania. (1985). **La vida...¿cómo se presentó aquí? ¿Por evolución o por creación?** *Nueva York, Estados Unidos*, pág.194.

[iv]Vea las palabras del Dr. Mario Vargas Llosa, premio Nobel de Literatura, en: Juan Cruz. (2014). **Mario Vargas Llosa: Esta realidad puede llegar a ser el infierno**. Madrid, España.: *El País*. Información consultada el 31 de octubre de 2014, de http://cultura.elpais.com/cultura/2014/06/20/actualidad/1403266199_630385.html.

[v]Según el maestro José Saramago, premio Nobel de Literatura, en: Bonilla, J. (2000). **José Saramago: Los centros comerciales son hoy como la caverna de Platón**. España, Unión Europea: *El Cultural*. Información consultada el 18 de agosto de 2014, de http://www.elcultural.es/revista/letras/Jose-Saramago/2888.

[vi]Mario Vargas Llosa. (2013). **Jubilar a los espías**. Madrid, España.: *El País*. Consultado el 30 de mayo de 2014, de http://www.elpais.com/.

[vii]Maribel Hernández Pérez. **Mujer mata a su marido porque le recriminó usar Facebook**. (2012). Guaynabo, Puerto Rico.: *El Nuevo Día*. Recuperado el 30 de diciembre de 2012, de http://www.elnuevodia.com/.

[viii]Sobre este interesante asunto, debe leer la siguiente referencia: Diario Oficial de la Unión Europea. (2014). **Recomendación relativa a principios para la protección de los consumidores y los usuarios de servicios de juego en línea y la prevención del juego en línea entre los menores**. Bruselas, Unión Europea. Información consultada el 30 de julio de 2014, de http://eur-lex.europa.eu/legal-content/ES/TXT/PDF/?uri=OJ:JOL_2014_214_R_0012&from=ES.

[ix]Fernando Mexía. **Ya son 176 millones de adictos al celular en el mundo**. (2014). Guaynabo, Puerto Rico.: *El Nuevo Día*. [Versión electrónica].

[x]**Psiquiatras: La adicción a los 'selfies' es un trastorno mental**. (2014). Moscú, Rusia.: *Russia Today (RT)*. Información consultada y analizada el 30 de julio de 2014, de http://actualidad.rt.com/ultima_hora/view/132606-psiquiatras-adiccion-selfies-trastorno-mental.

[xi]Fundación del Español Urgente. (2013). **Autofoto, alternativa en español a selfie**. España, Unión Europea.:*Fundéu BBVA*. Información consultada el 10 de julio de 2014, de http://www.fundeu.es/recomendacion/autofoto-alternativa-en-espanol-a-selfie/.

[xii]Mark Griffiths. **Todo en la vida es adictivo**. (2011). Londres, Reino Unido.: *British Broadcasting Corporation (BBC)*. Recuperado el 30 de diciembre de 2013, de http://www.bbc.co.uk/mundo/noticias/2011/11/111125_todo_es_adictivo_men. shtml?print=1.

[xiii]**Mucho internet, más depresión**. (2010). Londres, Reino Unido.: *British Broadcasting Corporation (BBC)*. Recuperado el 30 de diciembre de 2013, de http://www.bbc.co.uk/mundo/ciencia_tecnologia/2010/02/100203_internet_adic cion_men.shtml?print=1.

[xiv]**Mucho internet, más depresión.** (2010). Londres, Reino Unido.: *British Broadcasting Corporation (BBC).* Recuperado el 30 de diciembre de 2013, de http://www.bbc.co.uk/mundo/ciencia_tecnologia/2010/02/100203_internet_adic cion_men.shtml?print=1; Chih-Hung Ko; Ju-Yu Yen; Cheng-Sheng Chen; Yi-Chun Yeh; Cheng-Fang Yen. **Predictive Values of Psychiatric Symptoms for Internet Addiction in Adolescents: A 2-Year Prospective Study.** *Arch Pediatr Adolesc Med., 2009; 163 (10):* 937-943.

[xv]John D. Sutter. **Señales de alerta sobre la adicción a internet y a los videojuegos.** (2012). México, Latinoamérica.: *CNN México.* Consultada el 27 de diciembre de 2013, de http://mexico.cnn.com/tecnologia/2012/08/05/senales-de-alerta-sobre-la-adiccion-a-internet-y-a-los-videojuegos; **Facebook, una adicción, una abstinencia.** (2009). Londres, Reino Unido.: *British Broadcasting Corporation (BBC).* Información consultada y analizada el 30 de noviembre de 2012, de http://www.bbc.co.uk/mundo/cultura_sociedad/2009/10/091012_2007_faceboo k_adiccion_rb.shtml?print=1.

[xvi]**La adicción a internet cambia el cerebro.** (2012). Londres, Reino Unido.: *British Broadcasting Corporation (BBC).* Recuperado el 30 de diciembre de 2013, de http://www.bbc.co.uk/mundo/noticias/2012/01/120112_cerebro_adiccion_inter net_men.shtml?print=1.

[xvii]Antonio R. Gómez. **Respaldo a incluir la adicción a sustancias.** (2007, 26 de septiembre). Guaynabo, Puerto Rico.: *Primera Hora.* Recuperado el 31 de diciembre de 2008, de http://archivo.primerahora.com/.

[xviii]**Mucho internet, más depresión.** (2010). Londres, Reino Unido.: *British Broadcasting Corporation (BBC).* Recuperado el 30 de diciembre de 2013, de http://www.bbc.co.uk/mundo/ciencia_tecnologia/2010/02/100203_internet_adic cion_men.shtml?print=1.

[xix]Tel Aviv University. (2007, August 18). **What Exactly Is 'Internet Addiction' And What Is The Treatment?** *ScienceDaily.* Retrieved July 6, 2014 from www.sciencedaily.com/releases/2007/08/070817130113.htm.

[xx]Según un estudio realizado y publicado por el Gobierno de Corea del Sur. Vea más información en: Sutter, J.D. (2012). **Señales de alerta sobre la adicción a internet y a los videojuegos.** México, Latinoamérica.: *CNN México.* Consultada el 2 de mayo de 2013, de http://mexico.cnn.com/tecnologia/2012/08/05/senales-de-alerta-sobre-la-adiccion-a-internet-y-a-los-videojuegos.

[xxi]Tel Aviv University. (2007, August 18). **What Exactly Is 'Internet Addiction' And What Is The Treatment?** *ScienceDaily.* Retrieved July 6, 2014 from www.sciencedaily.com/releases/2007/08/070817130113.htm; Lawrence T. Lam and Zi-Wen Peng. **Effect of Pathological Use of the Internet on Adolescent Mental Health A Prospective Study.** *Arch Pediatr Adolesc Med., August 1, 2010 DOI:* 10.1001/archpediatrics.2010.159; Karenina Velandia. (2014) **¿Cómo se trata la adicción a internet?** Londres, Reino Unido.: *British Broadcasting Corporation (BBC).* Información consultada y recuperada el 18 de agosto de 2014, de http://www.bbc.co.uk/mundo/noticias/2014/01/140130_tecnologia_centros_trat amiento_adiccion_internet_kv.shtml?print=1.

[xxii]Según un análisis realizado por investigadores del Hospital Hayes Grove de Priory, ubicado en el Reino Unido. Sobre eso, vea la siguiente referencia: Karenina Velandia. (2014) **¿Cómo se trata la adicción a internet?** Londres, Reino Unido.: *British Broadcasting Corporation.* Información recuperada el 30 de julio de 2014, de http://www.bbc.co.uk/mundo/noticias/2014/01/140130_tecnologia_centros_trat amiento_adiccion_internet_kv.shtml?print=1.

[xxiii]Hardiman, M. (2000). **Cómo entender las Adicciones con sentido común.** México, D.F.: *Grupo Editorial Tomo*, pág.13.

[xxiv]University of Montreal. (2008). **A New Addiction: Internet Junkies.** *ScienceDaily.* Información consultada y analizada el 26 de noviembre de 2013, de www.sciencedaily.com/releases/2008/09/080908185314.htm. También debe leer: University of Bergen. (2012, 7 de mayo). **Are you a Facebook addict?** *ScienceDaily.* Información recuperada, leía y analizada el 26 de noviembre de 2013, de www.sciencedaily.com/releases/2012/05/120507102054.htm.

[xxv]**Una de cada cuatro personas es adicta a Internet, el trabajo o las compras.** (2011). Madrid, España.: *El País.* Consultado el 30 de diciembre de 2013, de http://sociedad.elpais.com/sociedad/2011/01/26/actualidad/1295996412_850215.html.

[xxvi]Hardiman, M. (2000). **Cómo entender las Adicciones con sentido común.** México, D.F.: *Grupo Editorial Tomo*, pp. 12-13.

[xxvii]Karenina Velandia. (2014) **¿Cómo se trata la adicción a internet?** Londres, Reino Unido.: *British Broadcasting Corporation.* Recuperado el 30 de julio de 2014, de http://www.bbc.co.uk/mundo/noticias/2014/01/140130_tecnologia_centros_trat amiento_adiccion_internet_kv.shtml?print=1.

[xxviii]Vea el análisis del Instituto de Psiquiatría del King's College de Londres, en: **Mucho internet, más depresión.** (2010). Londres, Reino Unido.: *British Broadcasting Corporation (BBC).* Recuperado el 30 de diciembre de 2013, de http://www.bbc.co.uk/mundo/ciencia_tecnologia/2010/02/100203_internet_adic cion_men.shtml?print=1.

[xxix]**Mucho internet, más depresión.** (2010). Londres, Reino Unido.: *British Broadcasting Corporation (BBC).* Recuperado el 30 de diciembre de 2013, de http://www.bbc.co.uk/mundo/ciencia_tecnologia/2010/02/100203_internet_adic cion_men.shtml?print=1.

[xxx]Lawrence T. Lam and Zi-Wen Peng. **Effect of Pathological Use of the Internet on Adolescent Mental Health A Prospective Study.** *Arch Pediatr Adolesc Med., August 1, 2010 DOI:* 10.1001/archpediatrics.2010.159; Dimitri A. Christakis; Megan A. Moreno. **Trapped in the Net: Will Internet Addiction Become a 21st-Century Epidemic?** *Arch Pediatr Adolesc Med., 2009; 163 (10):* 959-960.

[xxxi]Marvin D. Seppala. **La adicción: una enfermedad que pasa desapercibida para quien la tiene.** (2013). México, Latinoamérica.: *CNN México.* Consultada el 27 de diciembre de 2013, de http://mexico.cnn.com/salud/2013/07/16/la-adiccion-una-enfermedad-que-pasa-desapercibida-para-quien-la-tiene; Elsevier. (2014, July 1). **Biology of addiction risk looks like addiction.** *ScienceDaily.* Retrieved July 6, 2014 from www.sciencedaily.com/releases/2014/07/140701085336.htm.

[xxxii]**La adicción a internet cambia el cerebro.** (2012). Londres, Reino Unido.: *British Broadcasting Corporation (BBC).* Recuperado el 30 de diciembre de 2013, de http://www.bbc.co.uk/mundo/noticias/2012/01/120112_cerebro_adiccion_inter net_men.shtml?print=1.

[xxxiii]Karenina Velandia. (2014) **¿Cómo se trata la adicción a internet?** Londres, Reino Unido.: *British Broadcasting Corporation.* Recuperado el 30 de julio de 2014, de http://www.bbc.co.uk/mundo/noticias/2014/01/140130_tecnologia_centros_trat amiento_adiccion_internet_kv.shtml?print=1.

[xxxiv]**La adicción a internet cambia el cerebro.** (2012). Londres, Reino Unido.: *British Broadcasting Corporation (BBC).* Recuperado el 30 de diciembre de 2013, de http://www.bbc.co.uk/mundo/noticias/2012/01/120112_cerebro_adiccion_inter net_men.shtml?print=1.

xxxvKarenina Velandia. (2014) **¿Cómo se trata la adicción a internet?** Londres, Reino Unido.: *British Broadcasting Corporation.* Recuperado el 30 de julio de 2014, de http://www.bbc.co.uk/mundo/noticias/2014/01/140130_tecnologia_centros_trat amiento_adiccion_internet_kv.shtml?print=1.

xxxviSobre esto, debe leer: **Campamentos contra la adicción a internet.** (2014). España, Unión Europea: *El Confidencial.* Información consultada el 23 de julio de 2014, de http://www.elconfidencial.com/mundo/2014-07-02/campamentos-contr a-la-adiccion-a-internet_155557/.

xxxviiMurió **un minuto después de postear en Facebook que se sentía feliz.** (2014). Madrid, España.: *El País.* Consultado el 13 de agosto de 2014, de http://www.elpais.com/.

xxxviiiSteve Mollman. **Para los adictos a juegos en línea, las relaciones están en dos mundos.** (2011). México, Latinoamérica.: *CNN México.* Información analizada el 2 de mayo de 2013, de http://mexico.cnn.com/salud/2011/06/26/para-los-adictos-a-juegos-en-linea-las-relaciones-estan-en-dos-mundos. También debe leer: **Obsesión por ciberjuego "mató" a su hijo.** (2010). Londres, Reino Unido.: *British Broadcasting Corporation (BBC).* Consultada el 30 de julio de 2012, de http://www.bbc.co.uk/mundo/cultura_sociedad/2010/03/100305_surcorea_nino _muerte_.shtml?print=1.

xxxixKarenina Velandia. (2014) **¿Cómo se trata la adicción a internet?** Londres, Reino Unido.: *British Broadcasting Corporation.* Recuperado el 30 de julio de 2014, de http://www.bbc.co.uk/mundo/noticias/2014/01/140130_tecnologia_centros_trat amiento_adiccion_internet_kv.shtml?print=1.

xlObsesión **por ciberjuego "mató" a su hijo.** (2010). Londres, Reino Unido.: *British Broadcasting Corporation (BBC).* Recuperado el 30 de diciembre de 2012, de http://www.bbc.co.uk/mundo/cultura_sociedad/2010/03/100305_surcorea_nino _muerte_.shtml?print=1.

xliKarenina Velandia. (2014) **¿Cómo se trata la adicción a internet?** Londres, Reino Unido.: *British Broadcasting Corporation.* Recuperado el 30 de julio de 2014, de http://www.bbc.co.uk/mundo/noticias/2014/01/140130_tecnologia_centros_trat amiento_adiccion_internet_kv.shtml?print=1.

xliiSegún un estudio realizado por el Dr. Gert-Jan Meerkerk. Vea los resultados del estudio en: Almudena Serpis. (2009). **Peligrosa seducción de los videojuegos.** Guaynabo, Puerto Rico.: *El Nuevo Día.* [Versión electrónica].

xliiiKarenina Velandia. (2014) **¿Cómo se trata la adicción a internet?** Londres, Reino Unido.: *British Broadcasting Corporation.* Recuperado el 30 de julio de 2014, de http://www.bbc.co.uk/mundo/noticias/2014/01/140130_tecnologia_centros_trat amiento_adiccion_internet_kv.shtml?print=1.

xlivVea los resultados de un estudio realizado por investigadores de la Universidad de Duke (EEUU) y de la Universidad Nacional de Singapur, en: **La falta de sueño acelera el envejecimiento del cerebro.** (2014). Madrid, España.: *Revista Muy Interesante.* Información consultada, analizada y leída el 18 de julio de 2014, de http://www.muyinteresante.es/.

xlvClaudia Hammond **¿Podemos entrenarnos para dormir menos?** (2013). Londres, Reino Unido.: *British Broadcasting Corporation (BBC).* Recuperado el 30 de diciembre de 2013, de http://news.bbc.co.uk/hi/spanish/news/.

xlviUn **joven chino muere después de pasar tres días enganchado a un juego online.** (2007). España, Unión Europea: *20Minutos.* Leída el 3 de mayo de 2014, de http://www.20minutos.es/noticia/276892/0/muere/jugando/videojuegos/.Vea, además: **Declarado culpable el joven que mató a un bebé porque le hizo**

perder en un videojuego. (2008). Madrid, España.: *El País.* Consultado el 30 de diciembre de 2013, de http://www.elpais.com/.

[xlvii]**Muere tras jugar «online» tres días seguidos.** (2011). España, Unión Europea: *Diario La Razón.* Información consultada y analizada el 23 de junio de 2014, de http://www.larazon.es/detalle_hemeroteca/noticias/LA_RAZON_360774/2790-muere-despues-de-jugar-online-tres-dias-seguidos#.Ttt1rQvl1x9kGBW.

[xlviii]**Un joven chino muere después de pasar tres días enganchado a un juego online.** (2007). España, Unión Europea: *20Minutos.* Leída el 1 de mayo de 2014, de http://www.20minutos.es/.

[xlix]Steve Mollman. **Para los adictos a juegos en línea, las relaciones están en dos mundos.** (2011). México, Latinoamérica.: *CNN México.* Consultada el 2 de mayo de 2013, de http://mexico.cnn.com/salud/2011/06/26/para-los-adictos-a-juegos-en-linea-las-relaciones-estan-en-dos-mundos.

[l]Philipp G. Zimbardo y Nikita Duncan. **Videojuegos y pornografía, las nuevas drogas que arruinan una generación.** (2012). México, Latinoamérica.: *CNN México.* Información consultada y analizada el 27 de diciembre de 2013, de http://mexico.cnn.com/salud/2012/05/29/videojuegos-y-pornografia-las-nuevas-drogas-que-arruinan-una-generacion.

[li]Almudena Serpis. (2009). **Peligrosa seducción de los videojuegos.** Guaynabo, Puerto Rico.: *El Nuevo Día.* [Versión electrónica].

[lii]Almudena Serpis. (2009). **Peligrosa seducción de los videojuegos.** Guaynabo, Puerto Rico.: *El Nuevo Día.* [Versión electrónica]. Vea, además: **Científico de EE.UU: El sexo masculino se extinguirá por los videojuegos y el porno.** (2012). Moscú, Rusia.: *Russia Today (RT).* Información consultada el 31 de diciembre de 2013, de http://actualidad.rt.com/ciencias/view/50015-Cient%C3%ADfico-de-EE.UU.-El-sexo-masculino-se-extinguira-por-videojuegos-y-porno; **La adicción a Internet se incluirá entre las enfermedades mentales.** (2012). Moscú, Rusia.: *Russia Today (RT).* Información recuperada, leída y analizada el 31 de diciembre de 2013, de http://actualidad.rt.com/ciencias/view/54949-adiccion-internet-lista-enfermedades-mentales.

[liii]Exposición de Motivos de la **Ley de Puerto Rico Núm. 420 de 22 de septiembre de 2004.** Vea, además: José E. Maldonado. (2005). **Videojuegos: enorme fuente de empleo.** Guaynabo, Puerto Rico: *El Nuevo Día.* Información consultada el 27 de marzo de 2005, de http://www.endi.com/; Oregon State University. (2014). **Video games could provide venue for exploring sustainability concepts.** Rockville, MD.: *ScienceDaily.* Información consultada el 30 de julio de 2014, de www.sciencedaily.com/releases/2014/07/140701142941.htm.

[liv]Vea el análisis de la Sociedad Madrileña de Médicos de Familia, según explicado en: **La salud está en juego.** (2014). Madrid, España.: *Diario ABC.* Información consultada el 30 de julio de 2014, de http://www.abc.es/sociedad/20140529/rc-salud-esta-juego-201405291514.html.

[lv]**Investigadores de la UNED dicen que los videojuegos no violentos podrían prevenir el deterioro cognitivo de las personas.** (2014). Madrid, España.: *Diario ABC.* Consultada el 30 de agosto de 2014, de http://www.abc.es/local-castilla-leon/20140701/abci-investigadores-uned-dicen-videojuegos-201407011726.html.

[lvi]Claudia Safont, **Domina el machismo a los videojuegos.** (2006, 23 de abril). Guaynabo, Puerto Rico: *Revista Negocios de El Nuevo Día.* Recuperado el 23 de abril de 2006, de http://www.endi.com/.

[lvii]Mark Griffiths. **Todo en la vida es adictivo.** (2011). Londres, Reino Unido.: *British Broadcasting Corporation (BBC).* Recuperado el 30 de diciembre de 2013, de

http://www.bbc.co.uk/mundo/noticias/2011/11/111125_todo_es_adictivo_men. shtml?print=1. Vea, además: Almudena Serpis. (2009). **Peligrosa seducción de los videojuegos**. Guaynabo, Puerto Rico.: *El Nuevo Día*. [Versión electrónica].

lviiiKarenina Velandia. (2014) **¿Cómo se trata la adicción a internet?** Londres, Reino Unido.: *British Broadcasting Corporation*. Recuperado el 30 de julio de 2014, de http://www.bbc.co.uk/mundo/noticias/2014/01/140130_tecnologia_centros_trat amiento_adiccion_internet_kv.shtml?print=1.

lixEscape virtual de la dura realidad. (2005). Guaynabo, Puerto Rico: *Diario Primera Hora*. Información recuperada y consultada el 31 de octubre de 2005, de http://www.primerahora.com/noticia.asp?guid=42E4FEEB8A80499EA68663FB7 7. También debe leer: Almudena Serpis. (2009). **Peligrosa seducción de los videojuegos**. Guaynabo, Puerto Rico.: *El Nuevo Día*. [Versión electrónica].

lxSobre lo dicho, entiendo que debe leer la siguiente referencia: **Investigadores alemanes señalan que los videojuegos crean adicción**. (2006). Madrid, España.: *El País*. Información consultada y analizada el 30 de noviembre de 2013, de http://tecnologia.elpais.com/tecnologia/2006/07/10/actualidad/1152520081_850215.html.

lxiLa adicción: un problema complejo. (2011). Londres, Reino Unido.: *British Broadcasting Corporation (BBC)*. Recuperado el 30 de diciembre de 2011, de http://news.bbc.co.uk/hi/spanish/news/; **Son adictivos los videojuegos**. (2006). Guaynabo, Puerto Rico: *El Nuevo Día*. Recuperado el 14 de julio de 2006, de http://www.endi.com/.

lxiiInvestigadores alemanes señalan que los videojuegos crean adicción. (2006). Madrid, España.: *El País*. Consultado el 30 de diciembre de 2014, de http://tecnologia.elpais.com/tecnologia/2006/07/10/actualidad/1152520081_850 215.html. Vea, además: Almudena Serpis. (2009). **Peligrosa seducción de los videojuegos**. Guaynabo, Puerto Rico.: *El Nuevo Día*. [Versión electrónica].

lxiiiJohn D. Sutter. **Señales de alerta sobre la adicción a internet y a los videojuegos**. (2012). México, Latinoamérica.: *CNN México*. Consultada el 27 de diciembre de 2013, de http://mexico.cnn.com/tecnologia/2012/08/05/senales-de-alerta-sobre-la-adiccion-a-internet-y-a-los-videojuegos.

lxivLas farmacias advertirán de los riesgos de abusar de los mp3 y de los videojuegos. (2009). Madrid, España.: *Diario ABC*. Recuperado el 31 de diciembre de 2013, de http://www.abc.es/.

lxvLas farmacias advertirán de los riesgos de abusar de los mp3 y de los videojuegos. (2009). Madrid, España.: *Diario ABC*. Recuperado el 31 de diciembre de 2013, de http://www.abc.es/.

lxviClaudia Safont. **Domina el machismo a los videojuegos**. (2006, 23 de abril). Guaynabo, Puerto Rico: *Revista Negocios de El Nuevo Día*. Recuperado el 23 de abril de 2006, de http://www.endi.com/.

lxviiSegún un estudio realizado y publicado por el Gobierno de Corea del Sur. Vea más información en: Sutter, J.D. (2012). **Señales de alerta sobre la adicción a internet y a los videojuegos**. México, Latinoamérica.: *CNN México*. Consultada el 2 de mayo de 2013, de http://mexico.cnn.com/tecnologia/2012/08/05/senales-de-alerta-sobre-la-adiccion-a-internet-y-a-los-videojuegos.

lxviiiUn tercio de los adolescentes usuarios de Internet y consolas desarrollan adicción. (2004). Madrid, España.: *El País*. Consultado el 30 de mayo de 2013, de http://tecnologia.elpais.com/tecnologia/2004/05/10/actualidad/1084177683_850215.html.

lxixAlmudena Serpis. **Peligrosa seducción de los videojuegos**. (2009, julio). Guaynabo, Puerto Rico.: *El Nuevo Día*. [Versión electrónica].

[lxx]Mark Griffiths. **Todo en la vida es adictivo**. (2011). Londres, Reino Unido.: *British Broadcasting Corporation (BBC)*. Recuperado el 30 de diciembre de 2013, de http://www.bbc.co.uk/mundo/noticias/2011/11/111125_todo_es_adictivo_men. shtml?print=1.

[lxxi]**Videojuegos, peligrosos para el cerebro**. (2006). Guaynabo, Puerto Rico: *Primera Hora*. Recuperado el 21 de julio de 2006, de http://www.primerahora.com/.

[lxxii]John D. Sutter. **Señales de alerta sobre la adicción a internet y a los videojuegos**. (2012). México, Latinoamérica.: *CNN México*. Consultada el 27 de diciembre de 2013, de http://mexico.cnn.com/tecnologia/2012/08/05/senales-de-alerta-sobre-la-adiccion-a-internet-y-a-los-videojuegos.

[lxxiii]Hardiman, M. (2000). **Cómo entender las Adicciones con sentido común**. México, D.F.: *Grupo Editorial Tomo*, pág.141.

[lxxiv]Vea los resultados de un estudio realizado por investigadores de la Simon Fraser University, ubicada en Canadá, en: **A partir de 24 años las personas se ponen tontos y lentos**. (2014). Caguas, Puerto Rico.: *Metro*. Información recuperada, leída y analizada el 25 de julio de 2014, de http://www.metro.pr/.

[lxxv]**Diez malos hábitos, muy comunes, que dañan el cerebro**. (2014). Perú, Latinoamérica.: *El Economista América*. Información recuperada, leída y analizada el 20 de julio de 2014, de http://www.eleconomistaamerica.pe/sociedad-eAmperu/noticias/5705420/04/14/Diez-malos-habitos-muy-comunes-que-danan-el-cerebro.html#Kku80xE05CIQhaZE.

[lxxvi]Vea las palabras de Arthur Schopenhauer, en: Lorraine C. Ladish. (2003). **Aprender a querer: en la confianza, la igualdad y el respeto**. España, Unión Europea.: *Ediciones Pirámide*, pág. 108.

[lxxvii]Philipp G. Zimbardo y Nikita Duncan. **Videojuegos y pornografía, las nuevas drogas que arruinan una generación**. (2012). México, Latinoamérica.: *CNN México*. Información consultada y analizada el 27 de diciembre de 2013, de http://mexico.cnn.com/salud/2012/05/29/videojuegos-y-pornografia-las-nuevas-drogas-que-arruinan-una-generacion. También debe leer: Veronica Smink. **Los argentinos, adictos a las redes sociales**. (2010). Londres, Reino Unido.: *British Broadcasting Corporation (BBC)*. Información consultada el 3 de diciembre de 2013, de http://www.bbc.co.uk/mundo/noticias/2010/10/101022_argentina_redes_sociale s_jrg.shtml?print=1.

[lxxviii]Vea los resultados de un estudio realizado por investigadores de la Universidad de Montreal, ubicada en Canadá, en: Elizabeth Armstrong Moore. (2009). **New research suggests porn is overly demonized**. San Francisco, California: *CBS Interactive Inc.*: Información recuperada, analizada y leída el 20 de julio de 2014, de http://www.cnet.com/news/new-research-suggests-porn-is-overly-demonized/.

[lxxix]Petit, Q. (2014). **Enganchados al porno online**. Madrid, España.: *El País*. Información recuperada, analizada y leída el 30 de julio de 2014, de http://elpais.com/elpais/2014/04/29/eps/1398771596_048410.html.Vea, además: Janet·González Bolívar. **Descontrol sexual**. (2008, 26 de septiembre). *Primera Hora*. Guaynabo, Puerto Rico. [Versión electrónica]; **Hombre demanda a Apple por haberse hecho adicto a la pornografía**. (2013). Londres, Reino Unido.: *British Broadcasting Corporation (BBC)*. Recuperado el 30 de diciembre de 2013, de http://www.bbc.co.uk/mundo/ultimas_noticias/2013/07/130715_ultnot_eeuu_de manda_apple_pornografia_jg.shtml.

[lxxx]Ian Kerner. (2011) **¿Cómo está cambiando la pornografía nuestra vida sexual?** México, Latinoamérica.: *CNN México*. Información consultada el 27 de

diciembre de 2013, de http://mexico.cnn.com/salud/2011/01/21/como-esta-cambiando-la-pornografia-nuestra-vida-sexual.

[lxxxi]Ian Kerner. (2011) **¿Cómo está cambiando la pornografía nuestra vida sexual?** México, Latinoamérica.: *CNN México.* Información consultada y analizada el 27 de diciembre de 2013, de http://mexico.cnn.com/salud/2011/01/21/como-esta-cambiando-la-pornografia-nuestra-vida-sexual.

[lxxxii]Recio, E. (2000). **Pensamiento y vida: Destrezas de razonamiento lógico y crítico.** (3ed.). San Juan, Puerto Rico.: *Publicaciones Puertorriqueñas Editores,* pág.78.

[lxxxiii]Philipp G. Zimbardo y Nikita Duncan. **Videojuegos y pornografía, las nuevas drogas que arruinan una generación.** (2012). México, Latinoamérica.: *CNN México.* Información consultada y analizada el 27 de diciembre de 2013, de http://mexico.cnn.com/salud/2012/05/29/videojuegos-y-pornografia-las-nuevas-drogas-que-arruinan-una-generacion.

[lxxxiv]Philipp G. Zimbardo y Nikita Duncan. **Videojuegos y pornografía, las nuevas drogas que arruinan una generación.** (2012). México, Latinoamérica.: *CNN México.* Información consultada y analizada el 27 de diciembre de 2013, de http://mexico.cnn.com/salud/2012/05/29/videojuegos-y-pornografia-las-nuevas-drogas-que-arruinan-una-generacion.

[lxxxv]Philipp G. Zimbardo y Nikita Duncan. **Videojuegos y pornografía, las nuevas drogas que arruinan una generación.** (2012). México, Latinoamérica.: *CNN México.* Información consultada y analizada el 22 de diciembre de 2013, de http://mexico.cnn.com/salud/2012/05/29/videojuegos-y-pornografia-las-nuevas-drogas-que-arruinan-una-generacion. Vea, además: Dalia Ventura. **La pornografía es buena.** (2013). Londres, Reino Unido.: *British Broadcasting Corporation (BBC).* Información consultada, leída y analizada el 30 de diciembre de 2013, de http://www.bbc.co.uk/mundo/noticias/2013/05/130506_pornografia_buena_feminista_finde.shtml?print=1.

[lxxxvi]**¿Qué buscan ellas en el porno? Las mujeres empiezan a ser consumidoras.** (2009). Madrid, España.: *20minutos.* El 30 de noviembre de 2013, de http://www.20minutos.es/noticia/565277/0/mujeres/pornografia/gustos/. Vea, además: Dalia Ventura. **La pornografía es buena.** (2013). Londres, Reino Unido.: *British Broadcasting Corporation (BBC).* Recuperado el 30 de diciembre de 2013, de http://news.bbc.co.uk/hi/spanish/news/.

[lxxxvii]Vea los resultados de un estudio realizado por investigadores de la Universidad de Montreal, ubicada en Canadá, en: **Hábitos de los hombres consumidores de pornografía.** (2009). San Juan, Puerto Rico.: *El Vocero de Puerto Rico.* [Versión electrónica].

[lxxxviii]James Gallagher **¿Cómo es el cerebro de un "adicto" al sexo?** (2014). Londres, Reino Unido.: *British Broadcasting Corporation (BBC).* Recuperado el 30 de diciembre de 2014, de http://www.bbc.co.uk/mundo/.

[lxxxix]**La pornografía puede dañar el cerebro masculino.** (2014). España, Unión Europea: *Ediciones Primera Plana S.A.* Información leída y archivada el 15 de julio de 2014, de http://www.elperiodico.com/es/noticias/ciencia/pornografia-puede-danar-cerebro-3319368. Vea, además: David J. Ley, Ph.D. (2013). **Porn Is Not the Problem—You Are.** New York, NY.: *Psychology Today.* Información consultada el 27 de diciembre de 2013, de http://www.psychologytoday.com/; Dalia Ventura. **La pornografía es buena.** (2013). Londres, Reino Unido.: *British Broadcasting Corporation (BBC).* Información recuperada el 30 de diciembre de 2013, de http://www.bbc.co.uk/mundo/noticias/2013/05/130506_pornografia_buena_feminista_finde.shtml?print=1.

^{xc}Petit, Q. (2014). **Enganchados al porno online**. Madrid, España.: *El País*. Información recuperada, analizada y leída el 30 de julio de 2014, de http://elpais.com/elpais/2014/04/29/eps/1398771596_048410.html.Vea, además: Janet González Bolívar. **Descontrol sexual**. (2008, 26 de septiembre). *Primera Hora*. Guaynabo, Puerto Rico. [Versión electrónica]; **Hombre demanda a Apple por haberse hecho adicto a la pornografía**. (2013). Londres, Reino Unido.: *British Broadcasting Corporation (BBC)*. Recuperado el 30 de diciembre de 2013, de http://www.bbc.co.uk/mundo/ultimas_noticias/2013/07/130715_ultnot_eeuu_de manda_apple_pornografia_jg.shtml.

^{xci}James Gallagher **¿Cómo es el cerebro de un adicto al sexo?** (2014). Londres, Reino Unido.: *British Broadcasting Corporation (BBC)*. Recuperado el 30 de julio de 2014, de http://www.bbc.co.uk/mundo/. Vea, además: Janet González Bolívar. **Descontrol sexual**. (2008). *Primera Hora*. Guaynabo, Puerto Rico. [Versión electrónica].

^{xcii}Petit, Q. (2014). **Enganchados al porno online**. Madrid, España.: *El País*. Información recuperada, analizada y leída el 30 de julio de 2014, de http://elpais.com/elpais/2014/04/29/eps/1398771596_048410.html.Vea, además: Ian Kerner. (2011) **¿Cómo está cambiando la pornografía nuestra vida sexual?** México, Latinoamérica.: *CNN México*. Información consultada el 27 de diciembre de 2013, de http://mexico.cnn.com/salud/2011/01/21/como-esta-cambiando-la-pornografia-nuestra-vida-sexual.

^{xciii}Philipp G. Zimbardo y Nikita Duncan. **Videojuegos y pornografía, las nuevas drogas que arruinan una generación**. (2012). México, Latinoamérica.: *CNN México*. Información consultada y analizada el 27 de diciembre de 2013, de http://mexico.cnn.com/salud/2012/05/29/videojuegos-y-pornografia-las-nuevas-drogas-que-arruinan-una-generacion.

^{xciv}Petit, Q. (2014). **Enganchados al porno online**. Madrid, España.: *El País*. Información recuperada, analizada y leída el 30 de julio de 2014, de http://elpais.com/elpais/2014/04/29/eps/1398771596_048410.html.

^{xcv}Philipp G. Zimbardo y Nikita Duncan. **Videojuegos y pornografía, las nuevas drogas que arruinan una generación**. (2012). México, Latinoamérica.: *CNN México*. Información consultada y analizada el 27 de diciembre de 2013, de http://mexico.cnn.com/salud/2012/05/29/videojuegos-y-pornografia-las-nuevas-drogas-que-arruinan-una-generacion.

^{xcvi}Mark Griffiths. **Todo en la vida es adictivo**. (2011). Londres, Reino Unido.: *British Broadcasting Corporation (BBC)*. Recuperado el 30 de diciembre de 2013, de http://www.bbc.co.uk/mundo/noticias/2011/11/111125_todo_es_adictivo_men. shtml?print=1. Vea, además: Leslie A. Perlow. (2012). **Breaking the Smartphone Addiction**. Harvard, University, EUA: *Harvard Business Review Press*. Consultada y analizada el 23 de junio de 2014, de http://hbswk.hbs.edu/item/6877.html.

^{xcvii}Hardiman, M. (2000). **Cómo entender las Adicciones con sentido común**. México, D.F.: *Grupo Editorial Tomo*, pág.15.

^{xcviii}Petit, Q. (2014). **Enganchados al porno online**. Madrid, España.: *El País*. Información leída el 10 de agosto de 2014, de http://elpais.com/elpais/2014/04/2 9/eps/1398771596_048410.html.

^{xcix}**Adictos al sexo**. (2011). Londres, Reino Unido.: *British Broadcasting Corporation (BBC)*. Información recuperada, analizada y leída el 30 de diciembre de 2011, de http://news.bbc.co.uk/hi/spanish/news/.

[c]James Gallagher **¿Cómo es el cerebro de un adicto al sexo?** (2014). Londres, Reino Unido.: *British Broadcasting Corporation (BBC)*. Recuperado el 30 de julio de 2014, de http://www.bbc.co.uk/mundo/.

[ci]**Adictos al sexo**. (2011). Londres, Reino Unido.: *British Broadcasting Corporation (BBC)*. Información recuperada, analizada y leída el 30 de diciembre de 2011, de http://news.bbc.co.uk/hi/spanish/news/.

[cii]Vea los resultados de un interesante estudio realizado por doctores del Instituto Max Planck, ubicado en Alemania, en: **La pornografía puede dañar el cerebro masculino**. (2014). España, Unión Europea: *Ediciones Primera Plana*. Información fue recuperada el 10 de agosto de 2014, de http://www.elperiodico.com/es/noticia s/ciencia/pornografia-puede-danar-cerebro-3319368.

[ciii]Janet González Bolívar. **Descontrol sexual**. (2008, 26 de septiembre). *Primera Hora*. Guaynabo, Puerto Rico. [Versión electrónica].

[civ]Wolf, N. (2011). **La adicción a la pornografía**. España, Unión Europea: Público. Información consultada y analizada el 23 de noviembre de 2014, de http://www.publico.es/espana/384797/la-adiccion-a-la-pornografia; Carlos Castro. (2014). **Cae judicial con porno en oficina**. San José, Costa Rica: *Diario Extra*. Información recuperada, analizada y archivada el 30 de noviembre de 2014, de http://www.diarioextra.com/Dnew/noticiaDetalle/231018.

[cv]González, J. (2007, octubre). **Pornografía infantil en Quezalguaque**. Managua, Nicaragua.: *El Nuevo Diario*. Información consultada el 19 de marzo de 2009, de http://impreso.elnuevodiario.com.ni/2007/10/23/nacionales/62167.

[cvi]Hardiman, M. (2000). **Cómo entender las Adicciones con sentido común**. México, D.F.: *Grupo Editorial Tomo*, pág.15. Vea, además: Leslie A. Perlow. (2012). **Breaking the Smartphone Addiction**. Harvard, University, EUA: *Harvard Business Review Press*. Información consultada y analizada el 23 de junio de 2014, de http://hbswk.hbs.edu/item/6877.html.

[cvii]**Bombero acusado de pornografía infantil**. (2014). Miami, EUA: *Telemundo 51*. Leída el 30 de julio de 2014, de http://www.telemundo51.com/noticias/Bombero-acusado-de-pornografia-infantil-254336601.html.

[cviii]Carlos Castro. (2014). **Cae judicial con porno en oficina**. San José, Costa Rica: *Diario Extra*. Información consultada y analizada el 30 de julio de 2014, de http://www.diarioextra.com/Dnew/noticiaDetalle/231018.

[cix]**Detenido por pornografía infantil tras perder una memoria USB con fotos**. (2012). Madrid, España.: *El País*. Consultado el 30 de diciembre de 2013, de http://www.elpais.com/.

[cx]Philipp G. Zimbardo y Nikita Duncan. **Videojuegos y pornografía, las nuevas drogas que arruinan una generación**. (2012). México, Latinoamérica.: *CNN México*. Información consultada y analizada el 27 de diciembre de 2013, de http://mexico.cnn.com/salud/2012/05/29/videojuegos-y-pornografia-las-nuevas-drogas-que-arruinan-una-generacion.

[cxi]Vea los resultados de un estudio realizado por investigadores de la Escuela de Economía y Ciencia Política de Londres (conocida generalmente como London School of Economics), en: **¿Demasiado inteligente para ser madre?** (2014). España, Unión Europea: Yahoo Tendencias. Información consultada el 14 de noviembre de 2014, de https://es.tendencias.yahoo.com/blogs/pintalabios-y-chupetes/demasiado-inteligente-para-ser-madre-084500276.html.

[cxii]Schopenhauer, A. (2010). **El mundo como voluntad y representación** (Tomo II). Madrid, España.: *Alianza Editorial*, pág.842. Léase, además: Diego López Donaire. (2010). **150 años de Schopenhauer: el pesimista que supo ser feliz**.

Madrid, España.: *Revista Muy Interesante*. Información consultada el 25 de mayo de 2013, de http://www.muyinteresante.es/; Gurméndez, C. (1988). **El gran burgués**. Madrid, España.: *El País*. Información consultada el 11 de noviembre de 2011, de http://www.elpais.com/.

cxiiiIan Kerner. (2011) **¿Cómo está cambiando la pornografía nuestra vida sexual?** México, Latinoamérica.: *CNN México*. Información consultada y analizada el 27 de diciembre de 2013, de http://mexico.cnn.com/salud/2011/01/21/como-esta-cambiando-la-pornografia-nuestra-vida-sexual. Vea, además: Dalia Ventura. **La pornografía es buena**. (2013). Londres, Reino Unido.: *British Broadcasting Corporation (BBC)*. Información recuperada el 30 de diciembre de 2013, de http://www.bbc.co.uk/mundo/noticias/2013/05/130506_pornografia_buena_fem inista_finde.shtml?print=1.

cxivValeria Lukyanova, una modelo que nació en Rusia, dijo eso. Vea sus expresiones en: **Barbie humana prefiere ser torturada a ser madre**. (2014). Guaynabo, Puerto Rico.: *El Nuevo Día*. [Versión electrónica].

cxvYaiza Martínez. (2009). **La felicidad humana no depende de los hijos**. España, Unión Europea.: *Revista Tendencias 21*. Información consultada el 31 de diciembre de 2014, de http://www.tendencias21.net/La-felicidad-humana-no-depende-de-los-hijos_a3099.html.

cxviYaiza Martínez. (2009). **La felicidad humana no depende de los hijos**. España, Unión Europea.: *Revista Tendencias 21*. Información consultada el 31 de diciembre de 2014, de http://www.tendencias21.net/La-felicidad-humana-no-depende-de-los-hijos_a3099.html.

cxviiHardiman, M. (2000). **Cómo entender las Adicciones con sentido común**. México, D.F.: *Grupo Editorial Tomo*, pp. 12-13.

cxviiiMark Griffiths. **Todo en la vida es adictivo**. (2011). Londres, Reino Unido.: *British Broadcasting Corporation (BBC)*. Recuperado el 30 de diciembre de 2013, de http://www.bbc.co.uk/mundo/noticias/2011/11/111125_todo_es_adictivo_men.shtml?print=1. Lea, además: **El juego sí genera adicción**. (2005). Guaynabo, Puerto Rico.: *Periódico El Nuevo Día*. Recuperado el 30 de diciembre de 2005, de http://www.endi.com/.

cxix**Ludopatía, el juego que destruye**. (2011). Londres, Reino Unido.: *British Broadcasting Corporation (BBC)*. Recuperado el 30 de diciembre de 2013, de http://www.bbc.co.uk/mundo/noticias/2011/02/110117_adiccion_ludopatia_il.sh tml?print=1. Lea, además: Francisco Rodríguez-Burns. **Adicción al juego**. (2012). Guaynabo, Puerto Rico.: *Primera Hora*. [Versión electrónica].

cxxMariana Cobián. **175 cargos por fraude contra la presidenta del programa Avance**. (2014). Guaynabo, Puerto Rico.: *El Nuevo Día*. [Versión electrónica].

cxxi**Ludopatía, el juego que destruye**. (2011). Londres, Reino Unido.: *British Broadcasting Corporation (BBC)*. Recuperado el 30 de diciembre de 2013, de http://www.bbc.co.uk/mundo/noticias/2011/02/110117_adiccion_ludopatia_il.sh tml?print=1.

cxxiiRut N. Tellado Domenech. **Ayuda a la vista para los jugadores compulsivos**. (2012). Guaynabo, Puerto Rico.: *El Nuevo Día*. [Versión electrónica].

cxxiiiGloria Ruiz Kuilan. **Son los boricuas el jackpot del casino**. (2013). Guaynabo, Puerto Rico.: *El Nuevo Día*. [Versión electrónica].

cxxivGloria Ruiz Kuilan. **Son los boricuas el jackpot del casino**. (2013). Guaynabo, Puerto Rico.: *El Nuevo Día*. [Versión electrónica].

cxxvGloria Ruiz Kuilan. **Son los boricuas el jackpot del casino**. (2013). Guaynabo, Puerto Rico.: *El Nuevo Día*. [Versión electrónica].

[cxxxvi]Alvarado, S. (2014) **¿Qué es la adicción? La adicción es una enfermedad del cerebro**. Huixquilucan, México: *Catholic.net Inc.* Consultada el 23 de julio de 2014, de http://www.es.catholic.net/psicologoscatolicos/348/2460/articulo.php?id=23331.

[cxxxvii]**Científicos logran explicar la adicción al juego**. (2014). Moscú, Rusia.: *Russia Today (RT)*. Información consultada y analizada el 13 de agosto de 2014, de http://actualidad.rt.com/.

[cxxxviii]**Si internet provoca adicción, también debería proporcionar una solución**. (2011). México, Latinoamérica.: *CNN México*. Información consultada el 27 de diciembre de 2013, de http://mexico.cnn.com/tecnologia/2011/05/19/si-internet-provoca-adiccion-tambien-deberia-proporcionar-una-solucion.

[cxxxix]**La ludopatía es una amenaza a cualquier edad, aunque por razones diversas**. (2013). España, Unión Europea.: *Revista Tendencias 21*. Información consultada el 31 de diciembre de 2013, de http://www.tendencias21.net/.

[cxxx]Gloria Ruiz Kuilan. **Son los boricuas el jackpot del casino**. (2013). Guaynabo, Puerto Rico.: *El Nuevo Día*. [Versión electrónica].

[cxxxi]Hardiman, M. (2000). **Cómo entender las Adicciones con sentido común**. México, D.F.: *Grupo Editorial Tomo*, pág.15.

[cxxxii]Rut N. Tellado Domenech. **Ayuda a la vista para los jugadores compulsivos**. (2012). Guaynabo, Puerto Rico.: *El Nuevo Día*. [Versión electrónica]. Lea, además: Granero R., Penedo E., Stinchfield R., Fernández-Aranda F., Savvidou L.G., Fröberg F., Aymamí N., Gómez-Peña M., Pérez-Serrano M., del Pino Gutiérrez A., Menchón J.M. y Jiménez-Murcia S. **Is pathological gambling moderated by age?** *Journal of Gamblinh Studies*. DOI 10.1007/s10899-013-9369-6.

[cxxxiii]Gloria Ruiz Kuilan. **Son los boricuas el jackpot del casino**. (2013). Guaynabo, Puerto Rico.: *El Nuevo Día*. [Versión electrónica].

[cxxxiv]Rut N. Tellado Domenech. **Ayuda a la vista para los jugadores compulsivos**. (2012). Guaynabo, Puerto Rico.: *El Nuevo Día*. [Versión electrónica].

[cxxxv]Francisco Rodríguez-Burns. (2004). **Una simple apuesta que puede culminar en vicio**. Guaynabo, Puerto Rico.: *Primera Hora*. [Versión electrónica].

[cxxxvi]**Ludopatía, el juego que destruye**. (2011). Londres, Reino Unido.: *British Broadcasting Corporation (BBC)*. Recuperado el 30 de diciembre de 2013, de http://www.bbc.co.uk/mundo/noticias/2011/02/110117_adiccion_ludopatia_il.shtml?print=1

[cxxxvii]Francisco Rodríguez-Burns. (2004). **Una simple apuesta que puede culminar en vicio**. Guaynabo, Puerto Rico.: *Primera Hora*. [Versión electrónica]; Francisco Rodríguez-Burns. (2004). **Ahogados por la adicción al juego**. Guaynabo, Puerto Rico.: *Primera Hora*. [Versión electrónica].

[cxxxviii]Sobre este caso, vea la siguiente referencia: **Mujer ludópata se suicidó en casino Monticello**. (2013). Chile, Latinoamérica: *El Dínamo*. Información analizada el 18 de agosto de 2014, de http://www.eldinamo.cl/2013/04/01/mujer-ludopata-se-suicido-en-casino-monticello/.

[cxxxix]Larry Roberts. (2000). **Suicide at Detroit casino—the human cost of legalized gambling**. Oak Park, MI: *World Socialist*. Información consultada el 11 de noviembre de 2011, de http://www.wsws.org/en/articles/2000/02/gamb-f02.html.

[cxl]**Gambling addict's suicide a wake-up call**. (2011). Toronto, Canadá: *Canadian Broadcasting Corporation*. Información analizada el 29 de diciembre de 2012, de http://www.cbc.ca/news/canada/british-columbia/gambling-addict-s-suicide-a-wake-up-call-1.1031083.

[cxli]Caniff, P. (2006). **Pitágoras**. Madrid, España.: *Edimat Libros*, pág.44.

[cxlii]Vea las expresiones del Dr. Arthur Schopenhauer, según explicadas en: Fourmont, G. (2010). **Pesimismo, la receta contra el mal rollo**. España, Unión

Europea.: *Público*. Información consultada y analizada el 18 de agosto de 2013, de http://www.publico.es/culturas/302964/pesimismo-la-receta-contra-el-mal-rollo.

[cxliii]Mark Griffiths. **Todo en la vida es adictivo**. (2011). Londres, Reino Unido.: *British Broadcasting Corporation (BBC)*. Recuperado el 30 de diciembre de 2013, de http://www.bbc.co.uk/mundo/noticias/2011/11/111125_todo_es_adictivo_men. shtml?print=1.

[cxliv]**Adicción y toxicomanía**. (2013). España, Unión Europea: *Merck Sharp and Dohme de España*. Leída el 2 de julio de 2014, de https://www.msdsalud.es/manual-merck-hogar/seccion-7/adiccion-toxicomania.html. Vea, además: Leslie A. Perlow. (2012). **Breaking the Smartphone Addiction**. Harvard, University, EUA: *Harvard Business Review Press*. Información consultada y analizada el 23 de junio de 2014, de http://hbswk.hbs.edu/item/6877.html.

[cxlv]Marvin D. Seppala. **La adicción: una enfermedad que pasa desapercibida para quien la tiene**. (2013). México, Latinoamérica.: *CNN México*. Consultada el 27 de diciembre de 2013, de http://mexico.cnn.com/salud/2013/07/16/la-adiccion-una-enfermedad-que-pasa-desapercibida-para-quien-la-tiene.

[cxlvi]Marvin D. Seppala. **La adicción: una enfermedad que pasa desapercibida para quien la tiene**. (2013). México, Latinoamérica.: *CNN México*. Consultada el 27 de diciembre de 2013, de http://mexico.cnn.com/salud/2013/07/16/la-adiccion-una-enfermedad-que-pasa-desapercibida-para-quien-la-tiene.

[cxlvii]Katie Connolly. **En EE.UU., gobiernos regionales apuestan al póquer en línea para salir de la crisis**. (2011). Londres, Reino Unido.: *British Broadcasting Corporation (BBC)*. Información consultada y analizada el 3 de diciembre de 2013, de http://www.bbc.co.uk/mundo/noticias/2011/03/110325_poker_eeuu_online_leg alizacion_fp.shtml?print=1. **España y los juegos de azar en línea**. (2013). España, Unión Europea: *El Semanal Digital, S.L.* Información consultada y analizada el 23 de julio de 2014, de http://www.elsemanaldigital.com/espana-y-los-juegos-de-azar-en-linea-131911.htm.

[cxlviii]Sobre este interesante asunto, debe leer la siguiente referencia: Diario Oficial de la Unión Europea. (2014). **Recomendación relativa a principios para la protección de los consumidores y los usuarios de servicios de juego en línea y la prevención del juego en línea entre los menores**. Bruselas, Unión Europea. Información consultada el 30 de julio de 2014, de http://eur-lex.europa.eu/legal-content/ES/TXT/PDF/?uri=OJ:JOL_2014_214_R_0012&from=ES.

[cxlix]Katie Connolly. **En EE.UU., gobiernos regionales apuestan al póquer en línea para salir de la crisis**. (2011). Londres, Reino Unido.: *British Broadcasting Corporation (BBC)*. Información recuperada el 30 de diciembre de 2013, de http://www.bbc.co.uk/mundo/noticias/2011/03/110325_poker_eeuu_online_leg alizacion_fp.shtml?print=1.

[cl]Susana de Pablos. **La CE busca garantizar una protección eficaz de los consumidores ante los juegos de azar en línea**. (2014). España, Unión Europea: *Diario Abierto*. Información consultada y analizada el 30 de julio de 2014, de http://www.diarioabierto.es/197960/la-ce-busca-garantizar-una-proteccion-eficaz-de-los-consumidores-en-los-juegos-de-azar-en-linea.

[cli]Hardiman, M. (2000). **Cómo entender las Adicciones con sentido común**. México, D.F.: *Grupo Editorial Tomo*, pág.15.

[clii]Marvin D. Seppala. **La adicción: una enfermedad que pasa desapercibida para quien la tiene**. (2013). México, Latinoamérica.: *CNN México*. Consultada el 27 de diciembre de 2013, de http://mexico.cnn.com/salud/2013/07/16/la-adiccion-una-enfermedad-que-pasa-desapercibida-para-quien-la-tiene.

cliiiRut N. Tellado Domenech. **Ayuda a la vista para los jugadores compulsivos.** (2012). Guaynabo, Puerto Rico.: *El Nuevo Día.* [Versión electrónica].

clivLa adicción: un problema complejo. (2011). Londres, Reino Unido.: *British Broadcasting Corporation (BBC).* Recuperado el 30 de diciembre de 2011, de http://news.bbc.co.uk/hi/spanish/news/. Vea, además: Leslie A. Perlow. (2012). **Breaking the Smartphone Addiction.** Harvard, University, EUA: *Harvard Business Review Press.* Información consultada y analizada el 23 de junio de 2014, de http://hbswk.hbs.edu/item/6877.html.

clvDonald W. Black. **Para algunos, comprar es una diversión, para otros, una adicción.** (2013). México, Latinoamérica.: *CNN México.* Información consultada el 27 de mayo de 2014, de http://mexico.cnn.com/opinion/2013/04/09/opinion-para-algunos-comprar-es-una-diversion-para-otros-una-adiccion.

clviElizabeth Landau. **El problema de los compradores compulsivos aumenta en época de fiestas.** (2011). México, Latinoamérica.: *CNN México.* Información consultada el 7 de mayo de 2013, de http://mexico.cnn.com/salud/2011/12/20/el-problema-de-los-compradores-compulsivos-aumenta-en-epoca-de-fiestas.

clviiDonald W. Black. **Para algunos, comprar es una diversión, para otros, una adicción.** (2013). México, Latinoamérica.: *CNN México.* Información consultada el 27 de julio de 2014, de http://mexico.cnn.com/opinion/2013/04/09/opinion-para-algunos-comprar-es-una-diversion-para-otros-una-adiccion.

clviiiElizabeth Landau. **El problema de los compradores compulsivos aumenta en época de fiestas.** (2011). México, Latinoamérica.: *CNN México.* Información consultada el 7 de mayo de 2013, de http://mexico.cnn.com/salud/2011/12/20/el-problema-de-los-compradores-compulsivos-aumenta-en-epoca-de-fiestas.

clixElizabeth Landau. **El problema de los compradores compulsivos aumenta en época de fiestas.** (2011). México, Latinoamérica.: *CNN México.* Información consultada el 7 de mayo de 2013, de http://mexico.cnn.com/salud/2011/12/20/el-problema-de-los-compradores-compulsivos-aumenta-en-epoca-de-fiestas.

clxAurora Rivera Arguinzoni. **Cuesta arriba la lucha contra la drogadicción.** (2008, 13 de septiembre). *El Nuevo Día.* Guaynabo, Puerto Rico. Recuperado el 31 de diciembre de 2008, de http://www.elnuevodia.com/. Vea, además: Leslie A. Perlow. (2012). **Breaking the Smartphone Addiction.** Harvard, University, EUA: *Harvard Business Review Press.* Información consultada y analizada el 23 de junio de 2014, de http://hbswk.hbs.edu/item/6877.html.

clxiMarvin D. Seppala. **La adicción: una enfermedad que pasa desapercibida para quien la tiene.** (2013). México, Latinoamérica.: *CNN México.* Consultada el 27 de diciembre de 2013, de http://mexico.cnn.com/salud/2013/07/16/la-adiccion-una-enfermedad-que-pasa-desapercibida-para-quien-la-tiene; Griffiths, M. (2011). **Todo en la vida es adictivo.** (2011). Londres, Reino Unido.: *British Broadcasting Corporation.* Información consultada, leída y analizada el 3 de mayo de 2014, de http://www.bbc.co.uk/mundo/noticias/2011/11/111125_todo_es_adictivo_men.shtml?print=1.

clxiiDonald W. Black. **Para algunos, comprar es una diversión, para otros, una adicción.** (2013). México, Latinoamérica.: *CNN México.* Información consultada el 27 de mayo de 2014, de http://mexico.cnn.com/opinion/2013/04/09/opinion-para-algunos-comprar-es-una-diversion-para-otros-una-adiccion.

clxiiiSusana de Pablos. **La CE busca garantizar una protección eficaz de los consumidores ante los juegos de azar en línea.** (2014). España, Unión Europea: *Diario Abierto.* Información consultada y analizada el 30 de noviembre de 2014, de http://www.diarioabierto.es/197960/la-ce-busca-garantizar-una-proteccion-eficaz-de-los-consumidores-en-los-juegos-de-azar-en-linea.

clxivDonald W. Black. **Para algunos, comprar es una diversión, para otros, una adicción.** (2013). México, Latinoamérica.: *CNN México.* Información consultada el 27 de mayo de 2014, de http://mexico.cnn.com/opinion/2013/04/09/opinion-para-algunos-comprar-es-una-diversion-para-otros-una-adiccion.

clxvDonald W. Black. **Para algunos, comprar es una diversión, para otros, una adicción.** (2013). México, Latinoamérica.: *CNN México.* Información consultada el 27 de mayo de 2014, de http://mexico.cnn.com/opinion/2013/04/09/opinion-para-algunos-comprar-es-una-diversion-para-otros-una-adiccion.

clxviElizabeth Landau. **El problema de los compradores compulsivos aumenta en época de fiestas.** (2011). México, Latinoamérica.: *CNN México.* Información consultada el 7 de mayo de 2013, de http://mexico.cnn.com/salud/2011/12/20/el-problema-de-los-compradores-compulsivos-aumenta-en-epoca-de-fiestas. También debe leer: Illinois Institute for Addiction Recovery. (2014). **What is compulsive shopping and spending?** Illinois, EE.UU: *Proctor Hospital.* Información recuperada el 13 de agosto de 2014, de http://www.addictionrecov.org/Addictions/?AID=34.

clxviiElizabeth Landau. **El problema de los compradores compulsivos aumenta en época de fiestas.** (2011). México, Latinoamérica.: *CNN México.* Información consultada el 7 de mayo de 2013, de http://mexico.cnn.com/salud/2011/12/20/el-problema-de-los-compradores-compulsivos-aumenta-en-epoca-de-fiestas.

clxviiiDonald W. Black. **Para algunos, comprar es una diversión, para otros, una adicción.** (2013). México, Latinoamérica.: *CNN México.* Información consultada el 27 de mayo de 2014, de http://mexico.cnn.com/opinion/2013/04/09/opinion-para-algunos-comprar-es-una-diversion-para-otros-una-adiccion.

clxixMuñoz, A. (2011). **Comprar por comprar.** Madrid, España.: *El País.* Información conseguida, analizada y archivada el 30 de noviembre de 2012, de http://sociedad.elpais.com/sociedad/2011/12/19/vidayartes/1324320578_558240.html.

clxxMuñoz, A. (2011). **Comprar por comprar.** Madrid, España.: *El País.* Información conseguida, analizada y archivada el 30 de noviembre de 2012, de http://sociedad.elpais.com/sociedad/2011/12/19/vidayartes/1324320578_558240.html.

clxxiPhilipp G. Zimbardo & Nikita Duncan. **Videojuegos y pornografía, las nuevas drogas que arruinan una generación.** (2012). México, Latinoamérica.: *CNN México.* Información consultada y analizada el 27 de noviembre de 2013, de http://mexico.cnn.com/salud/2012/05/29/videojuegos-y-pornografia-las-nuevas-drogas-que-arruinan-una-generacion.

clxxii**La ludopatía es una amenaza a cualquier edad, aunque por razones diversas.** (2013). España, Unión Europea.: *Revista Tendencias 21.* Información consultada el 31 de diciembre de 2013, de http://www.tendencias21.net/.

clxxiiiSobre esto, debe leer la siguiente referencia: **Cuidado con la selfitis.** (2014). Bogotá, Colombia: *Revista Hechos & Crónicas.* Información recuperada y analizada el 29 de julio de 2014, de http://www.revistahyc.com/index.php/analisis/lucas-m-d/temas-de-salud/item/523-cuidado-con-la-selfitis.

clxxivSobre esto, debe leer la siguiente referencia: **Cuidado con la selfitis.** (2014). Bogotá, Colombia: *Revista Hechos & Crónicas.* Información recuperada y analizada el 29 de julio de 2014, de http://www.revistahyc.com/index.php/analisis/lucas-m-d/temas-de-salud/item/523-cuidado-con-la-selfitis.

clxxvSchopenhauer, A. (2009). **Parerga y Paralipómena.** Madrid, España.: *Editorial Valdemar,* pág.197.

clxxviVea las palabras del maestro Eugenio Trías, filósofo español, en: Eugenio Trias. **Aforismos para una guerra.** (1991). Madrid, España.: *El País.* Consultado el 30 de mayo de 2007, de http://www.elpais.com/.

clxxviiVea las expresiones del Dr. Arthur Schopenhauer, un respetable filósofo alemán que fue admirado por Jorge Luis Borges y Richard Wagner, en: **Frases de Arthur Schopenhauer.** (2009). Santiago, España.: *Frase Celebre.* Recuperado el 18 de agosto de 2009, de http://www.frasecelebre.net/profesiones/filosofos/arthur_shopenhau er.html.

clxxviiiSegún Manuel Suances Marcos, profesor de Historia de la Filosofía de la UNED, en: **Llegan los últimos pensamientos de Schopenhauer 150 años después de su muerte.** (2010). España, Unión Europea.: *La Vanguardia.* Información consultada, analizada y archivada el 23 de noviembre de 2013, de http://www.lavanguardia.com/cultura/20100920/54006727670/llegan-los-ultimos-pensamientos-de-schopenhauer-150-anos-despues-de-su-muerte.html.

clxxixArthur Schopenhauer, **El arte de ser feliz: Explicado en cincuenta reglas para la vida,** *Ed. Franco Volpi, Tr. Ángela Ackermann Pilári. Barcelona: Herder, 4a edición,* 2003. p. 40-45. También debe leer: Gilberto Santalalla. (2014). **El arte de ser feliz por Arthur Schopenhauer (Regla #5).** Ciudad de México, México: *Dialogo Existencial.* Información consultada el 30 de septiembre de 2014, de http://www.dialogoexistencial.com/2014/el-arte-de-ser-feliz-por-arthur-schopenha uer-regla-5/.

clxxxSan Agustín, **Del libre albedrío,** I, 8, 19. Vea lo dicho en: Antología de la estupidez. (2011). España, Unión Europea: *El Cultural.* Información consultada el 18 de agosto de 2014, de http://www.elcultural.es/noticias/letras/Antologia-de-la-estupidez/2486.

clxxxi**Antología de la estupidez.** (2011). España, Unión Europea: *El Cultural.* Información consultada, analizada y archivada el 18 de agosto de 2014, de http://www.elcultural.es/noticias/letras/Antologia-de-la-estupidez/2486.

clxxxiiVea las palabras del Dr. Joseph Stiglitz, Premio Nobel de Economía, en: Laura M. Quintero. **Stiglitz compara a PR con Grecia: la fuga de talento dificulta la recuperación.** (2014). San Juan, Puerto Rico.: *Noticel.* Información consultada el 29 de diciembre de 2014, de http://www.noticel.com/.

clxxxiiiVea las palabras del maestro José Saramago, premio Nobel de Literatura, en: Mario Alegre Barrios. **La inmortalidad no existe.** (2007, 1 de abril). Guaynabo, Puerto Rico: *El Nuevo Día.* Información recuperada el 31 de marzo de 2008, de http://www.endi.com/.

www.ingramcontent.com/pod-product-compliance
Lightning Source LLC
Chambersburg PA
CBHW021146070326
40689CB00044B/1157

* 9 7 8 1 5 0 6 1 4 0 6 1 2 *